글 / 윤상석

성균관대학교 생명과학과를 졸업하고 출판사에서 편집자로 일했습니다. 어려운 정보를 어린이
독자들이 알기 쉽게 쓰고 그리는 작가로 활동 중입니다.
주요 작품으로 〈Who〉, 〈와이즈만 첨단 과학〉, 〈Why〉 시리즈, 《과학 쫌 알면 세상이 더 재밌어》,
《남극과 북극에도 식물이 있을까》, 《만화 통세계사》, 《최태성의 한능검 한국사》 등이 있으며,
사이언스타임즈의 객원 기자로 '만화로 푸는 과학 궁금증'을 연재했습니다

그림 / 박정섭

다양한 경험을 쌓다가 뒤늦게 그림 공부를 시작했습니다. 어릴 적에는 산만하다는 소리를
많이 들었습니다. 그래서 그런 줄 알고 살아왔지요. 하지만 시간이 흘러 뒤돌아보니 상상력의
크기가 산만 하단 걸 깨닫게 되었습니다. 이젠 그 상상력을 주위 사람들과 즐겁게 나누며
살고 싶습니다. 지금은 강원도 동해에서 지내고 있습니다.
그린 책으로 《검은 강아지》, 《그림책 쿠킹박스》, 《도둑을 잡아라》, 《놀자》, 《감기 걸린 물고기》,
《짝꿍》, 《싫어요 싫어요》, 《미래가 온다, 미래 식량》, 《숭민이의 일기(전10권)》 등이 있고,
쓰고 그린 시집으로 《똥시집》이 있습니다.

감수 / 정연식

서울대학교 국사학과를 졸업하고, 동대학원에서 박사 학위를 받았습니다. 서울여자대학교
사학과 교수를 지냈으며, 현재는 명예 교수로 있습니다. 역사학회 회장, 문화재청 전문위원,
동북아역사재단 자문위원 등으로 활동하기도 했습니다. 첨성대 연구로 월봉저작상을,
독도 연구로 독도학술상을 수상했습니다.
주요 저술로는 《일상으로 본 조선시대 이야기(전2권)》, 《영조 대의 양역정책과 균역법》,
《경주 첨성대의 기원》, 《조선시대 울릉도와 독도의 우리말 이름들》, 《한국식생활문화사》가
있습니다.

한 컷 쏙 생활사

초판 1쇄 발행 2025년 1월 6일

글 윤상석 / 그림 박정섭 / 감수 정연식

펴낸이 홍석 / 이사 홍성우 / 편집부장 이정은 / 편집 조유진 / 기획·외주편집 임형진

디자인 권영은·김영주 / 외주디자인 권석연 / 마케팅 이송희·김민경 / 제작 홍보람 / 관리 최우리·정원경·조영행

펴낸곳 도서출판 풀빛 / 등록 1979년 3월 6일 제2021-000055호

제조국 대한민국 / 사용연령 8세 이상

주소 서울특별시 강서구 양천로 583 우림블루나인 A동 21층 2110호

전화 02-363-5995(영업) 02-362-8900(편집) / 팩스 070-4275-0445

전자우편 kids@pulbit.co.kr / 홈페이지 www.pulbit.co.kr

블로그 blog.naver.com/pulbitbooks / 인스타그램 instagram.com/pulbitkids

ⓒ 윤상석·박정섭·임형진, 2025

ISBN 979-11-6172-670-0 74910 979-11-6172-665-6 74080 (세트)

한 컷마다 역사가 바뀐다

한 컷 속

생활사

윤상석 글 × 박정섭 그림 × 정연식 감수

풀빛

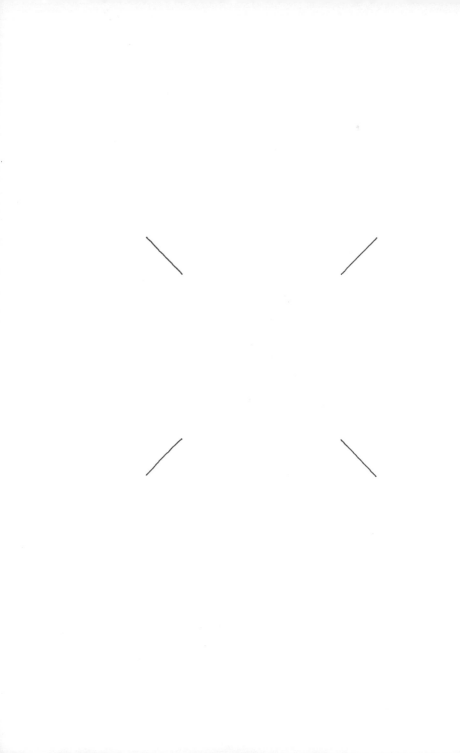

'옛날 사람들은 어떻게 살았을까?'

그 궁금증을 풀기 위해서 역사학자들은 옛날 사람들이 남긴 흔적을 조사하고 연구하여 역사책에 담고 있어. 그 역사를 생활사라고 해.

우리 땅에는 약 70만 년 전부터 사람이 살았는데, 그들은 그때부터 흔적을 남기기 시작했어. 석기 시대에는 돌에 흔적을 남겼고, 청동기 시대에는 토기와 돌, 청동으로 만든 도구 등을 남겼어. 역사가 기록되기 시작한 시대에도 문자 기록뿐만 아니라 그릇과 기와 조각, 무덤, 그림 등 많은 흔적을 남겼지.

그런데 그 흔적만으로 옛날 사람들이 어떻게 살았는지 알기는 무척 힘들어. 역사학자들은 마치 탐정처럼 행동해. 남겨진 작은 흔적을 철저히 조사해서 그때 살았던 사람들의 생활 모습을 추리하지. 그림 조각 퍼즐을 맞추듯이 당시의 생활 모습을 조각조각 맞추어 내지.

이 책은 우리 조상의 생활사에서 중요한 생활 모습 60가지를 골라냈어. 60가지 사건을 살펴보면, 자연스럽게 우리 조상의 삶의 지혜를 배울 수 있고, 현재 우리 생활에 미친 영향을 알 수 있어.

그럼 우리 조상의 삶의 모습 속으로 떠나 볼까?

차례

도구를 처음으로
사용하다

한반도에 사람이 살기 시작한 때는 약 70만 년 전부터야. 이때 사람들은 농사짓는 걸 몰랐기 때문에 먹을거리를 찾아 이곳저곳을 돌아다녔어. 식물 열매나 뿌리, 풀 등을 채집하고 동물을 사냥했지. 그런데 그들은 먹을거리를 찾아 자연 속을 자유롭게 돌아다니기에는 나약한 몸을 가졌어. 날카로운 송곳니나 발톱이 있는 것도 아니고, 말처럼 빨리 달릴 수도 없었거든. 오히려 맹수의 사냥감이 되곤 했지. 하지만 사람에겐 다른 동물이 가지지 못한 것이 있었어. 바로 도구야.

사람은 다른 동물과 달리 두 발로 걸으면서 두 손을 자유롭게 쓸 수 있었어. 주위에서 쉽게 구할 수 있는 나무나 돌로 도구를 만들기 시작했지. 처음에는 딱딱한 열매의 껍질을 깨뜨리기 위해 돌이나 막대기를 사용했을 거야. 그러다가 돌을 깨뜨리거나 떼어 내 도구로 사용했어. 이런 도구를 뗀석기라고 부르고, 뗀석기를 사용한 시대를 구석기 시대라고 불러.

뗀석기는 깨진 면이 날카로워 다양하게 사용할 수 있었지. 가죽을 벗기거나 풀이나 나무를 베는 데 사용했어. 또 돌도끼나 창으로 만들어 동물을 사냥했으며 맹수로부터 자신을 지킬 수 있었지.

불을 이용하기
시작하다

구석기 시대에는 매우 추운 시기가 많았어. 사람들은 추위를 피하고 몸을 보호하기 위해 동물 가죽을 다듬어 몸에 두르거나 풀을 엮어서 몸을 가렸지. 또 추위와 비바람을 피할 수 있는 집도 필요했어. 구석기 시대 사람들은 동굴을 집으로 이용했지. 동굴 안은 추위와 눈보라, 비바람을 피할 수 있고 사나운 맹수를 막을 때도 편했거든. 동굴 주변에 먹을거리가 떨어지면 다른 곳으로 옮겨 가 새로운 동굴을 찾았지.

한편 구석기 시대 사람들은 불을 능숙하게 다루기 시작했어. 이전에는 벼락이 쳐서 산불이 날 때 얻은 불씨를 동굴에 보관해 두었다가 사용했는데, 이젠 나무 막대를 다른 나무에 대고 비벼서 마찰열로 불씨를 만드는 방법을 알아냈지.

불의 이용은 생활을 한층 발전시켰어. 동굴 입구에 불을 피워 추위와 맹수를 막을 수 있었고, 횃불로 어둠을 밝혀 밤에도 활동할 수 있었지. 고기도 불에 익혀 먹게 되었어. 그러면서 소화를 잘 시켜 사람들의 몸이 더욱 좋아졌고, 덕분에 두뇌도 점점 더 발달했어.

처음으로 집을 짓다

약 1만여 년 전부터 날씨가 따뜻해지면서 빙하가 녹아 바다가 넓어지고 육지에는 강이 많이 생겼어. 바다와 강에는 물고기와 조개 등 먹을거리가 많았지. 그러자 사람들은 떠돌아다니지 않고 강가나 바닷가에 머물러 살기 시작했어.

그들은 땅을 판 후, 나무 기둥 4개를 박고 기둥들에 가로로 기다란 나무 4개를 올린 다음, 서로 연결하여 단단한 뼈대를 만들었어. 뼈대 위에 긴 나무들을 일정한 간격으로 비스듬히 걸쳐 놓고 칡덩굴로 묶은 다음 그 위에 갈대나 억새와 같은 풀을 덮어 집을 만들었지. 이런 집을 움집이라고 해. 땅을 파서 움집을 지은 이유는 땅속은 땅 위보다 온도 변화가 적어서 추위와 더위를 피하기에 유리했거든. 움집 가운데는 화덕을 놓아 불을 피웠는데, 이 불로 난방도 하고 음식도 만들며 어둠을 밝혔어.

집을 짓고 물고기를 잡으려면 뗀석기보다 더 좋은 도구가 있어야 했어. 사람들은 돌을 갈아서 원하는 모양으로 도구를 만들었지. 이런 도구를 간석기라고 하고, 간석기를 사용한 시대를 신석기 시대라고 해. 간석기는 뗀석기보다 훨씬 단단하고 예리하며, 칼, 낫, 화살촉, 괭이 등 다양한 도구로 만들 수 있어. 또 동물 뼈를 이용해서 작살, 낚시 바늘과 같은 물고기를 잡는 도구를 만들기도 했지.

농사를 짓고
가축을 기르다

신석기 시대 사람들은 한곳에 머물러 살면서, 씨 한 톨이 땅에 떨어져 자라면 많은 양의 알곡을 얻을 수 있음을 알게 되었지. 그때부터 그들은 조와 수수, 피 등을 심어 농사를 짓기 시작했어. 돌을 갈아 만들거나 동물의 뿔로 만든 괭이를 이용해 밭을 갈고 씨를 부렸지. 곡식이 다 자라면 돌칼이나 돌낫으로 이삭을 따서 수확했어.

한곳에 머물러 살게 되면서, 사람들은 먼 곳으로 사냥하러 가기가 힘들어졌지. 그래서 동물의 새끼들을 산 채로 잡아 와서 집 주변에서 키우기 시작했어. 주로 먹을 고기가 많고 잘 자라는 돼지와 사냥할 때 도움을 주는 개를 데려다 키웠지.

이렇게 농사를 짓고 가축을 기르면서 이제 사람들은 먹을거리를 찾아 헤맬 필요가 없어졌어. 그렇다고 사냥이나 채집을 그만둔 건 아니야. 돌을 갈아 다양한 도구를 만들면서 더 쉽게 채집이나 사냥을 했어. 예를 들어 돌화살촉을 매단 화살과 활을 이용하면 먼 거리에 있는 동물도 잡을 수 있었지. 강이나 바닷가에서는 그물을 만들어 한꺼번에 많은 물고기를 잡았어.

놀라운 발명품, 빗살무늬 토기

신석기 시대 사람들이 농사를 지으면서 먹을거리가 많아지자, 이것을 담을 도구가 필요했어. 사람들은 흙을 불에 구우면 단단해져서 물이 닿아도 잘 풀어지지 않는다는 사실을 발견하고, 토기를 만들기 시작했지.

그들은 흙으로 아가리를 둥글고 곧게, 밑바닥은 뾰족하게 빗고, 겉면에 빗살무늬를 새겨 넣었어. 그리고 불에 구워 토기를 완성했는데, 이 토기를 빗살무늬 토기라고 불러. 빗살무늬 토기 밑바닥이 뾰족한 이유는 강가나 바닷가 모래 위에 꽂아 고정하기 편했기 때문이야. 겉면의 빗살 모양은 불에 구울 때 토기 표면이 갈라지는 것을 막기 위해서였다고 해.

토기 덕분에 사람들은 곡식을 편리하게 보관할 수 있었어. 처음으로 음식물을 익혀서 먹을 수도 있었지. 그러자 전에는 먹을 수 없던 식물이나 열매를 먹을 수 있게 되었어. 예를 들어 떫어서 그냥 먹기 힘든 도토리를 물에 넣어 떫은맛을 없애고 삶으면 맛있게 먹을 수 있거든. 또 토기에 바닷물을 담아 바짝 졸여서 소금을 만들어 먹을 수도 있었어. 소금은 음식물이 쉽게 상하는 걸 막아 주는 등 신석기 시대 사람들에게도 꼭 필요한 양념이었지.

신석기 시대 사람들도 멋을 냈다

신석기 시대 사람들은 삼이나 모시풀에서 실을 뽑아냈어. 삼의 속껍질을 물에 불려 방망이로 두들기면 섬유가 나오는데, 이 섬유를 여러 겹 꼬아 길게 연결해서 실을 만든 거야. 이렇게 만든 실을 오늘날 베틀과 비슷한 도구로 엮어서 옷감을 짜기 시작했어. 옷감을 돌칼로 자르고 동물 뼈로 만든 바늘로 꿰매어 옷으로 만들었지.

날씨가 추울 때는 여전히 짐승 털가죽을 옷으로 입었어. 사람들은 돌이나 동물 뼈를 갈아 만든 다양한 도구를 이용해 동물 가죽을 자르고 꿰맸으며 가죽을 부드럽게 만드는 방법도 알아냈지. 덕분에 동물 가죽을 단순히 몸에 두르는 것에서 벗어나 근사한 옷으로 만들어 입을 수 있었어.

신석기 시대 사람들도 오늘날 우리처럼 자기를 아름답게 보이려고 했어. 옷에 여러 가지 무늬의 장식을 넣어 꾸몄고, 몸에도 목걸이, 귀걸이, 팔찌, 발찌, 머리 뒤꽂이 등 여러 가지 장신구로 치장했지. 장신구는 조개껍데기나 짐승 뼈로 만들었고, 돌을 갈아 만들거나 흙을 빚어 구운 것도 있었어. 동물의 송곳니들에 구멍을 뚫고 실로 연결해서 만든 발찌도 있었지.

금속 도구를 쓰기 시작하다

기원전 2000년에서 기원전 1500년 사이, 한반도에서는 새로운 재료인 청동으로 도구를 만들기 시작했어. 청동을 만들려면 광석에서 금속을 뽑아야 하는 어려운 기술이 필요해. 광석을 불에 녹여서 금속을 액체 상태로 뽑아내고, 그 액체 금속을 거푸집에 부어 원하는 모양으로 만들었어. 청동은 구리라는 금속으로 만드는데, 구리만으로 도구를 만들면 너무 물러서 쓸모가 없어. 구리에 주석이나 아연을 섞어야 단단한 금속인 청동이 돼. 이렇게 청동을 도구의 재료로 쓴 시대를 청동기 시대라 불러.

청동기 시대라고 해도 많은 사람이 여전히 석기를 사용했어. 청동은 워낙 만들기 힘들어서 누구나 쓸 수 있는 재료가 아니었거든. 농사짓는 도구는 여전히 돌을 갈아 만들었지.

청동은 주로 칼이나 창 같은 무기를 만드는 재료가 되었고, 이런 무기는 지배 계층만 가질 수 있었어. 청동기 시대에는 농사 기술과 도구의 발달로 식량을 비롯한 여러 가지 생산물이 많이 늘었지. 그러면서 남은 생산물을 많이 가진 사람과 적게 가진 사람이 생겼고, 결국엔 많이 가진 사람이 세력을 키워 다른 사람을 지배하는 지배 계층이 되었어.

청동기 시대 벼룩 시장

돼지는 살이 잘 쪄요!

개는 사냥을 잘 도와 줘요!

소는 힘이 세서 짐을 실어 날라요!

말은 사람이 타고 달릴 수도 있어요!

벼는 영양가가 높고 수확량도 많아요!

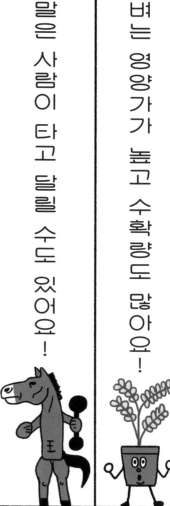

08 벼농사의 시작과 목축의 발달

벼농사를 짓고 소와 말을 기르다

청동기 시대에 들어서면서 농사짓는 기술이 더욱 발전했어. 이랑과 고랑을 만들어 밭농사를 지었고, 다양한 농기구를 사용했지. 땅을 일굴 때는 돌괭이, 돌삽, 보습, 따비 등을 사용했고, 곡물을 수확할 때는 반달 돌칼, 돌낫을 사용했으며, 곡물의 껍질을 벗길 때는 갈돌과 돌절구를 사용했어. 여전히 돌을 갈아서 만든 농기구였지만, 돌을 다듬는 기술이 발전하면서 청동기 못지않게 날카롭고 정교했지.

이렇게 농사짓는 기술이 발전하면서 기원전 3000년경 무렵에는 한반도 일부 지역에서 벼농사를 짓기 시작했어. 벼는 다른 곡물에 비해 영양가가 높고 수확량도 많은 곡물이지만, 재배하기가 까다로웠지. 목축도 발전하여 가축으로 돼지와 개뿐만 아니라 소와 말도 기르기 시작했어. 소와 말은 힘이 세서 짐을 실어 나르는 데 주로 쓰였어. 특히 말은 발걸음이 빨라서 사람이 타고 달릴 수도 있었지.

물고기를 잡는 도구가 발전하면서 바닷가 사람들은 여러 척의 통나무배에 나눠 타고 바다로 나갔어. 함께 그물을 던져 물고기를 잡고, 청동이나 돌로 만든 작살을 던져 고래도 잡았지.

반찬을 먹고 조미료로 요리하다

청동기 시대에는 농업이 발달하고 가축을 기르는 집이 많아졌으며, 바다와 강에서 물고기를 잡는 기술이 발전하면서 식생활에 변화가 생겼어. 조, 수수, 기장, 보리, 콩, 쌀 등의 곡물을 주식으로 하고, 반찬으로 고기, 물고기, 조개, 채소 등을 먹게 된 거야. 그런데 반찬으로 먹는 음식은 그냥 먹으면 맛이 없고 쉽게 상했어. 그래서 맛을 내기 위해 조미료를 사용했는데, 가장 흔한 조미료는 소금이었지. 소금이 음식 상하는 걸 막는 기능도 있어서 사람들은 물고기, 조개, 산나물 등을 소금으로 절여 보관했다가 나중에 반찬으로 만들었어. 또 고조선 지역에서는 콩을 발효시켜 만든 간장과 된장을 조미료로 먹기 시작했지.

이렇게 음식물이 다양해지면서 음식물을 조리하거나 담는 그릇도 발전했어. 토기로 만든 접시와 사발, 단지, 국자와 동물 뼈로 만든 숟가락도 있었지. 음식물을 쪄 먹는 시루가 있었는데, 시루는 바닥에 구멍이 뚫린 그릇으로, 물을 담은 큰 솥 위에 놓고 물을 끓이면 솥에서 올라오는 수증기를 이용해 음식을 익힐 수 있어. 토기 만드는 기술도 발전하여 두께가 얇아졌는데도 훨씬 단단해졌지. 청동기 시대 토기는 바닥이 평평하고 겉면에 무늬가 없어서 민무늬 토기라고 불러.

청동기 시대의 집도 멋진데?

벽과 지붕이 생기고 온돌을 사용하다

청동기 시대 사람들은 작은 마을을 이루며 살았어. 마을은 주로 낮은 구릉이나 평지에 자리 잡았고, 외적을 막기 위해 둘레에 나무 울타리를 세웠으며, 울타리 바깥에 도랑을 팠어. 울타리에는 밖을 감시하는 높은 망루도 있었지. 사람들은 울타리 안에 수십 채의 집을 짓고 모여 살면서 울타리 밖에 있는 논과 밭에서 농사를 지었어. 농사 기술이 발달하여 수확하는 곡식이 많았는데, 이 곡식을 땅에 박힌 기둥 위에 지은 창고에 저장했지. 이 창고를 다락 창고라고 부르는데, 바람이 잘 통해서 곡식이 잘 상하지 않았어.

청동기 시대의 집은 신석기 시대와 마찬가지로 움집이었지만, 직사각형에 벽이 있고 땅을 파는 깊이가 얕아지고, 지붕은 벽 위에 따로 만들어 올렸지. 집 규모도 커져서 음식 조리 공간, 잠자는 공간 등으로 쓰임새에 따라 나누어 사용했어. 화덕은 움집 한가운데서 벽 쪽으로 옮겨 갔지.

청동기 시대를 지나 철로 도구를 만드는 철기 시대에는 사람들이 방바닥 한쪽에 돌을 얹어 그 돌들 아래로 아궁이에서 지핀 불길이 지나가게 하는 난방이 등장했어. 이것을 온돌이라고 하는데, 아궁이 불로 음식을 하면서 온돌을 덥혀 난방도 할 수 있었지.

하늘에 제사 지내고 노래하며 춤을 추다

청동기 시대에는 부족을 이끄는 우두머리가 하늘에 제사 지내는 일도 했어. 농경 생활을 하는 사람들은 농사에서 가장 중요한 햇빛과 비를 내려 주는 하늘을 섬기지 않을 수 없거든. 하늘을 섬기는 제사를 제천 행사라고 하는데, 철기 시대에도 계속 이어져서 고조선, 부여, 삼한 등의 나라에서 계속되었지. 삼한에서는 우두머리 대신에 제사 지내는 사람인 천군을 따로 두었어. 천군은 소도라는 신성한 구역을 따로 다스렸는데, 죄인이 이곳으로 도망치면 나라에서도 잡아갈 수 없었지.

제사 때, 제단에 사슴 등의 제물을 올리고 부족의 우두머리가 하늘을 향해 기도했어. 그는 하늘과 통하기 위한 신성한 물건인 청동 거울과 청동 방울을 몸에 걸쳤지. 청동 방울 소리는 하늘의 소리와 통하고, 청동 거울은 태양을 상징했어.

제사가 끝나면 사람들은 음식과 술을 즐기면서 춤을 추었어. 제천 행사 기간에는 밤낮으로 노래하고 춤을 추며 마음껏 즐겼지. 그리고 하늘을 찬양하는 노래나 연극, 건국 신화 등을 공연했어. 이러한 행사를 통해 사람들은 부족의 단결을 도모했지.

① 받침돌 세우기

② 받침돌 사이에 흙 채우기

③ 덮개돌 올리기

④ 흙 제거하기

죽어서도 권세를
누리려던 지배층

청동기 시대의 가장 대표적인 무덤은 돌널무덤이나 고인돌이야. 돌널무덤은 돌로 관을 만들어 땅에 묻는 무덤으로, 주로 판 모양의 널찍한 돌로 상자 모양의 관을 만들었어. 고인돌은 땅 위나 땅 아래에 있는 무덤방 위에 거대한 덮개돌을 얹어서 만드는데, 돌을 고인 모양을 하고 있어서 고인돌이라고 부르는 거야.

청동기 시대의 지배 계층은 죽은 후에도 자기 권세를 보여 주려고 했어. 그래서 고인돌의 규모가 큰 경우가 많아. 우리나라의 고인돌은 대개 4톤 이상이고, 큰 것은 수십 톤이나 돼. 이렇게 무거운 돌을 운반하려면 많은 사람이 동원되어야 하므로, 지배 계층이 아니면 만들 수 없는 무덤이지.

게다가 이때 사람들은 죽어서도 살아 있을 때와 같이 권세를 누리려 했어. 무덤 속에 청동검과 같은 무기와 청동 거울, 옥 장신구, 그릇 등 귀한 물건을 함께 묻었지. 심지어 부여 등 일부 지역에서는 지위가 아주 높고 강한 권력을 가진 사람이 죽었을 때, 그가 부리던 노비를 무덤에 함께 묻는 풍습도 있었어. 이런 풍습을 순장이라고 해.

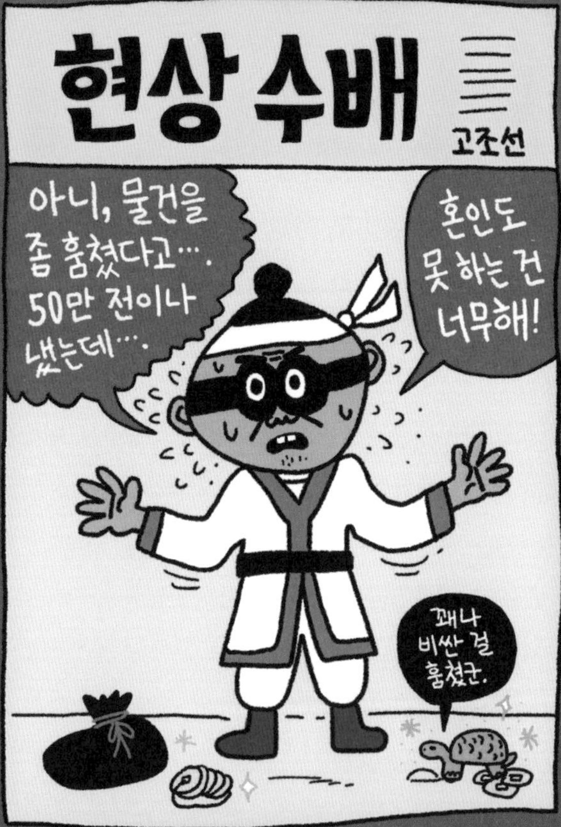
현상 수배
고조선
아니, 물건을 좀 훔쳤다고…. 50만 전이나 냈는데….
혼인도 못 하는 건 너무해!
꽤나 비싼 걸 훔쳤군.

13 고조선의 8조법

고조선 사람들이 지켰던 법

고조선 사람들의 생활 모습을 엿볼 수 있는 기록이 있어. 고조선 시대에 있던 8조법이야. 8조법은 우리나라 역사에 처음 등장하는 법으로 8개의 조항 중에 3개 조항이 중국 역사책 《한서》에 전해 오고 있지.

전해 오는 8조법의 조항 중 하나는 사람을 죽인 자는 사형에 처한다는 거야. 고조선에서는 사람의 목숨을 중요하게 여겼다는 사실을 알 수 있지.

두 번째 조항에서는 남을 다치게 한 자는 곡식으로 보상해야 한다고 했어. 고조선이 농경 사회이고 개인이 재산을 소유할 수 있는 사유 재산 제도가 있었음을 알 수 있지.

전해 오는 나머지 조항에는 남의 물건을 도둑질한 사람은 도둑맞은 사람의 노비가 되고, 노비가 안 되려면 50만 전의 돈을 내야 한다고 기록되어 있어. 이를 보면, 고조선 사회가 노비가 있는 신분 사회였고, 돈을 사용한 것을 보아 상업이 활발했음을 알 수 있지. 또 고조선 사람들은 도둑질을 수치스럽게 여겼다고 해. 도둑질한 사람이 벌금을 물었다 해도 그와는 어느 여자도 혼인하지 않았다는 기록이 있어.

땡땡이 무늬를 좋아한 고구려 사람들

나라마다 옷차림에 특색이 있었지만, 삼국 시대 사람들은 보통 저고리와 바지를 입고, 그 위에 긴 겉옷을 입었어. 여자들은 바지 위에 치마를 입었지. 또 신분에 따라 옷차림이 달랐어. 신분이 높은 사람들은 비단옷을 주로 입었고, 신분이 낮은 사람들은 베옷을 주로 입었으며 칡의 섬유로 짠 옷감인 갈포로 만든 옷도 입었지.

삼국 시대의 옷차림은 고분 벽화에 그려진 사람들의 모습을 보면 알 수 있어. 고구려의 고분 벽화를 보면 사람들이 바지저고리를 입었는데, 남자와 여자 모두 저고리가 엉덩이를 덮을 정도로 길었고, 소매 가장자리에는 옷과 다른 색 천으로 띠를 둘렀지. 그 위에 긴 겉옷을 입었고, 허리에는 허리띠를 둘렀어. 저고리와 바지, 치마는 서로 다른 색깔로 맞추어 입었고, 여자들은 주름치마를 즐겨 입었지. 폭이 넓은 바지를 입은 여자들의 모습도 많았고, 남녀 모두 옷에 땡땡이 무늬가 들어간 경우가 많았어. 귀부인의 옷은 대개 통이 넓고 화려하지만, 시종이나 평민의 옷은 통이 좁고 활동하기 편해 보여. 조금 차이는 있겠지만, 백제와 신라 사람들의 옷차림도 고구려 사람들의 옷차림과 비슷했을 거야.

귀걸이를 착용한
삼국 시대 남자들

삼국 시대 남자들은 상투를 틀거나 묶은 머리를 했고, 여자들은 얹은머리, 쪽 찐 머리, 묶은 머리 등 다양한 모양으로 머리를 가꾸었어. 결혼한 여자들만이 머리를 올렸고, 결혼하지 않은 여자들은 머리를 한 가닥으로 땋아서 뒤에 늘어뜨렸지.

삼국 시대 사람들은 추위를 막거나 햇빛을 가리기 위해 다양한 모양의 모자를 사용했어. 남자들은 절풍이라는 모자를 썼는데, 족두리 모양으로 머리에 쓰고 흘러내리지 않도록 끈으로 묶었어. 이 절풍에 새 깃털을 꽂아 장식하면 대표적인 관리의 모자인 조우관이 돼. 고구려 사람들은 사냥할 때 햇빛과 비를 피하기 위해 갓과 비슷한 모양의 모자를 썼어. 그리고 왕의 모자인 왕관은 금으로 만들거나 장식했지.

삼국 시대 귀족들은 금과 은 등으로 목걸이, 귀걸이, 발찌, 반지 등의 장신구를 만들어 몸에 걸쳤어. 특히 신라의 장신구들이 많이 전해지는데, 모양도 다양하고 화려하며 옥을 반달 모양으로 다듬은 곡옥을 많이 사용했어. 삼국 시대에 귀걸이는 남녀에 구별 없이 많이 쓰였는데, 금에 다양한 무늬를 새겨 넣거나 얇게 만든 금을 붙여서 아름답게 꾸몄지.

김치를 먹기 시작하다

한반도 북쪽의 고구려는 날씨가 추워 쌀보다는 보리, 콩, 조, 기장, 수수 등의 잡곡을 주로 재배하여 먹었고, 한반도 남쪽의 백제와 신라에서는 벼농사를 지어 쌀을 먹을 수 있었어. 하지만 쌀은 다른 곡식보다 농사짓기가 까다로워 많은 사람이 여전히 콩이나 보리 등의 잡곡을 주로 먹었고, 부자나 귀족들이 쌀을 먹었지. 그리고 곡식을 먹는 방법으로 지금처럼 쇠솥에 밥을 지어 먹기 시작했어.

발효 기술도 발달하여 간장, 된장, 젓갈 그리고 김치 등을 반찬으로 먹었지. 하지만 고추가 아직 전해지기 전이라 김치는 순무, 가지, 오이, 달래 같은 채소류를 소금에 절이거나 장이나 식초에 담가 만든 장아찌 같은 수준이었어. 야생의 노루, 사슴, 멧돼지, 꿩도 요리해 먹었는데, 소는 농사지을 때 필요한 가축이라 잘 먹지 않았지. 물고기나 조개류 등도 반찬으로 사용했고, 술도 즐겨 마셨어. 밀이나 콩으로 만든 누룩을 쌀밥(지에밥)과 버무려 술을 빚었는데, 잔치 때는 술이 빠지지 않았지.

음식이 발달하면서 음식을 담는 다양한 그릇이 생겼는데, 그릇 만드는 기술이 발달하여 토기보다 단단한 도기를 만들었어. 그리고 탁자 위에 음식을 놓고 의자에 앉아 식사를 했지.

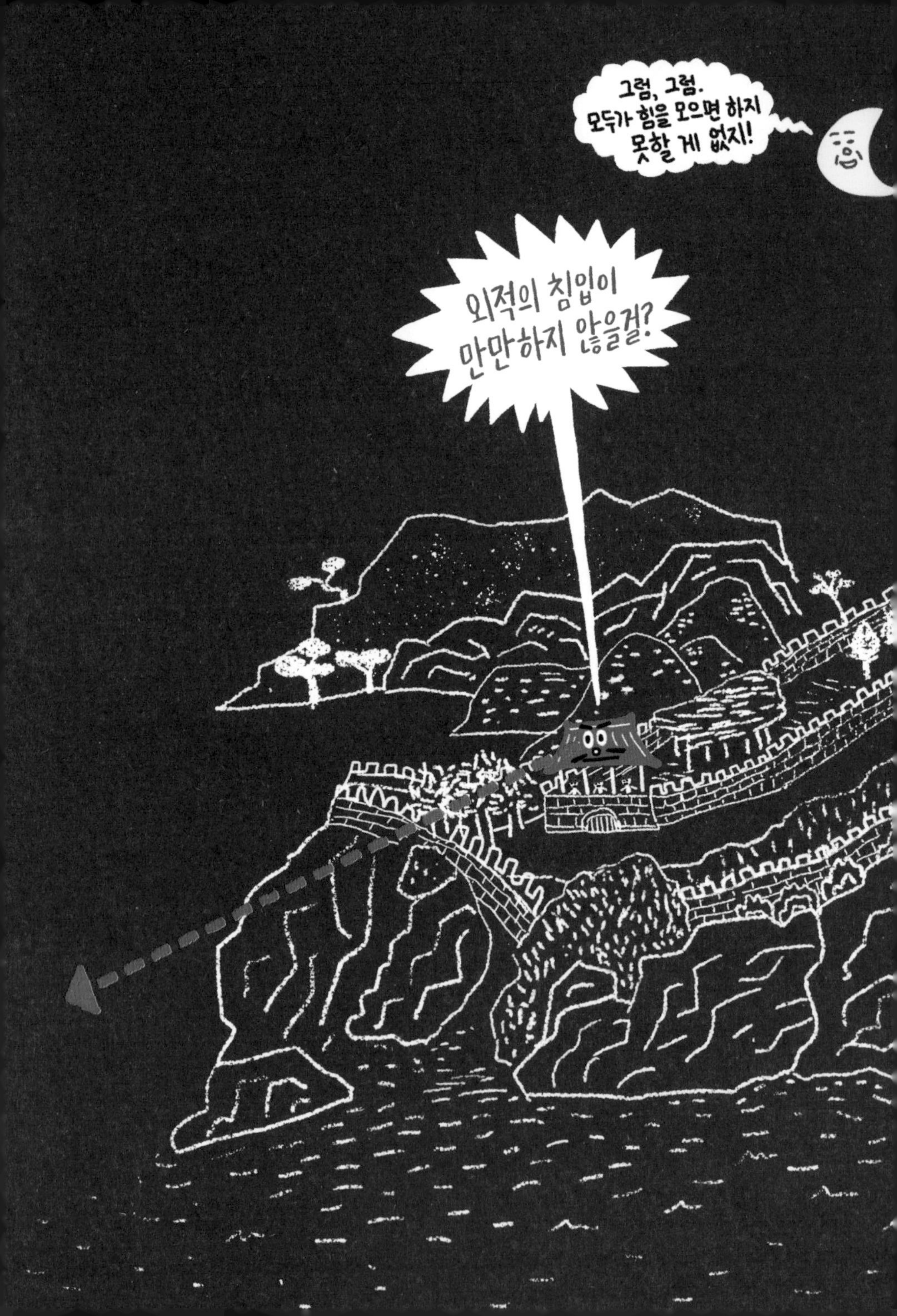
그럼, 그럼. 모두가 힘을 모으면 하지 못할 게 없지!
외적의 침입이 만만하지 않을걸?

왕과 귀족들이
모여 살았던 성

왕궁이 있는 곳을 도읍이라고 해. 도읍에는 외부에서 침입하는 적을 막기 위해 도읍 전체를 둘러싸는 성벽을 쌓았지. 그래서 도읍을 도성이라고도 불렀어. 성은 평지에 세운 평지성과 산에 쌓는 산성이 있는데, 도읍지는 평지성과 산성을 모두 가졌지.

평소에 왕과 귀족들, 그들이 부리는 사람들과 군인 등은 평지성 안에서 생활했고, 일반 백성은 성 밖에서 마을을 이루고 농사를 지으며 생활했어. 그런데 평지성은 외적의 침입을 막기에 부족한 점이 많았지. 그래서 외적이 침입하면 주변의 험한 산세를 이용해 만든 산성 안으로 왕과 귀족, 백성들이 모두 들어가 외적을 막았어.

도성 안에서 가장 중요한 건축물은 왕궁이고, 그다음이 관청이야. 왕궁과 관청을 중심으로 도로를 만들고, 이에 따라 사람들이 사는 집도 만들었지. 그런데 삼국에 불교가 전해진 후로는 도성 안에 왕궁 다음으로 중요한 건축물은 절이 되었어. 도성 안에 규모가 큰 절들이 들어섰지.

귀족의 기와집과 백성의 초가집

삼국 시대의 유물과 고분 벽화를 보면 기와집이 많았음을 알 수 있어. 기와집은 지붕으로 무거운 기와를 얹어야 하므로 기둥이 튼튼해야 해. 그래서 나무 기둥은 굵어졌고 주춧돌 위에 세워 썩지 않게 했어. 기와집은 빗물이 들어오는 걸 확실히 막아 주고 튼튼하며 건물을 아름답게 꾸밀 수 있지만, 비용이 많이 드는 건축물이야. 그래서 주로 궁궐이나 절, 관청 그리고 귀족의 집을 기와집으로 지었지. 힘 있는 귀족은 집뿐만 아니라 부엌, 외양간, 창고 등 쓸모에 따라 기와집을 여러 채 지었어. 기와집 안은 침실과 거실 등을 커튼이나 휘장으로 장식을 했고, 나무로 만든 침대에서 자고, 탁자와 의자에 앉아 생활했으며, 화로나 난로로 난방을 했지.

일반 백성은 짚이나 풀을 엮어 지붕을 얹은 초가집에 주로 살았어. 가난한 백성들은 여전히 움집에 살았을 거야. 집 안에는 불을 피우는 화덕이 있는 부엌이 있고, 흙을 다져 방바닥을 만들고 거적과 같은 깔개를 깔아 생활했지. 방 한쪽에 구들돌을 놓고 그 밑으로 온기를 통과시키는 온돌을 사용하기도 했어. 특히 날씨가 추운 고구려 사람들이 온돌을 많이 사용했지.

19 삼국 시대의 무덤

지배층의 생활을
엿볼 수 있는 무덤

신라와 백제의 도성이 있었던 경주나 공주, 부여에서는 여기저기 솟은 거대한 고분을 볼 수 있어. 이 고분은 옛날 사람들의 무덤으로, 그 규모로 볼 때 주로 왕이나 귀족의 무덤임을 알 수 있지. 무덤 안에 많은 토기와 장신구, 무기 등이 같이 묻혀 있어서 죽은 사람이 사후 세계에서도 편히 살았으면 하는 마음을 알 수 있어.

고구려의 고분에서는 벽화가 발견되는 경우가 많은데, 무덤의 주인이 살아 있을 때의 모습을 그린 경우가 많아. 이 벽화를 통해 고구려 왕이나 귀족의 문화와 생활을 엿볼 수 있지.

삼국 시대 초기에는 여전히 사람을 같이 묻는 순장 풍습이 남아 있었어. 신라에서는 왕이 죽으면 남녀 다섯 명씩을 순장했다고 해. 사회가 발전하면서 순장은 점차 사라졌고, 대신 사람의 모습을 흙으로 빚어 구운 인형을 무덤에 묻었지. 삼국 시대 말기부터는 불교의 영향으로 죽음에 대한 생각이 바뀌기 시작했고, 삼국 통일 후에는 거대한 무덤도 사라지고 호사스러운 물건들을 같이 묻는 풍습도 사라졌어.

지금 남아 있는 삼국 시대 고분은 지배층의 무덤이야. 일반 백성이 죽으면 대개 땅에 구덩이를 파고 그냥 묻었으므로, 남아 있는 무덤을 찾아볼 수 없어.

자유로운 연애를 통한 허례허식 없는 결혼

　삼국 시대에는 남녀 간에 자유로운 연애를 통한 결혼이 적지 않았어. 신라의 명장 김유신은 옷끈이 떨어진 김춘추를 자기 집으로 데리고 가 여동생에게 옷끈을 꿰매게 했는데, 김춘추가 그 여동생에게 반해서 결혼까지 했다는 이야기가 전해 와. 신라의 대문장가인 강수도 연애를 통해 미천한 대장장이의 딸과 결혼했지. 고구려에서도 서로 좋아하는 사람끼리 결혼했다는 기록이 있어. 게다가 바보 온달과 평강 공주 이야기에서 알 수 있듯이 엄청난 신분의 차이를 뛰어넘는 결혼도 있었지.

　일반 백성의 결혼 풍습은 복잡한 절차나 비싼 예물을 교환하는 허례허식이 없었어. 고구려 기록에 의하면 신랑 집에서 돼지고기와 술을 보내어 결혼을 축하하는 정도였고, 다른 재물을 받는 걸 수치스럽게 여겼지. 신라에서도 연회를 베푸는 것으로 결혼 예물을 대신했다고 해.

　고구려에는 데릴사위라는 결혼 풍습도 있었어. 집안끼리 결혼을 약속하면, 여자 집에서는 집 뒤편에 작은 집을 지었어. 결혼식 날, 해 진 후에 신랑은 신부 집 문 앞으로 가서 이름을 말하고 엎드려 자기를 받아달라고 간절하게 청해. 그러면 신부 부모가 신랑을 받아 주지. 신랑은 신부와 함께 집 뒤편 작은 집에 살면서 처갓집 일을 돕고, 그러다 아이를 낳고 그 아이가 다 자라면 아내를 데리고 집으로 돌아갔다고 해.

사용하는 그릇까지
정해 준 골품제

삼국 시대에는 신분이 크게 귀족과 평민, 노비로 나뉘었어. 권력을 가진 사람과 이들을 도와 공을 세운 사람은 대대로 귀족이 되었지. 이들은 많은 토지와 노비를 가졌으며, 높은 자리의 관리가 될 수 있었어. 평민은 주로 농민이었는데, 자유로운 신분이었지만 세금을 내고 국가를 위해 노동을 해야 하는 의무가 있었지. 노비는 주로 전쟁 포로나 죄를 지은 사람이 되었는데, 왕실이나 관청, 귀족의 소유물이 되어 자유로운 신분이 아니었어. 주인집에서 시중을 들거나 주인 땅에서 농사를 지으며 살았지.

한편 신라에는 태어나면서부터 여러 등급의 신분으로 나뉘는 특이한 신분 제도인 골품제가 있었어. 가장 높은 신분인 성골은 왕이 될 수 있는 자격을 가진 왕족으로, 혈통을 지키기 위해 그들끼리 결혼을 했지. 그다음 진골은 왕족이지만 왕이 될 자격이 없는 신분으로, 최고 높은 관직에 오를 수 있었어. 그 아래는 6두품부터 1두품까지 여섯 등급의 두품이 있었는데, 6두품이 가장 높은 신분이었지. 6~4두품이 주로 관리가 되었고, 3두품 아래에는 평민이라고 볼 수 있어.

골품제는 신분에 따라 오를 수 있는 관직, 지위, 집 크기, 옷차림, 사용하는 그릇, 장신구의 기준을 정해 놓을 정도로 엄격했다고 해.

저고리가 점차 짧아지다

고려 시대 초기에는 사람들이 통일 신라의 옷차림을 그대로 따랐어. 그러다 점차 중국과 활발하게 교류하면서 중국의 영향을 받아 옷차림에서 변화가 일어났지. 고려 초기부터 약 300년간은 송나라 옷차림의 영향을 받았고, 고려 후기에는 원나라의 영향을 받았거든.

남자는 바지와 저고리를 입었는데, 허리띠를 매는 풍습은 점차 사라지고 대신 옷고름으로 저고리를 고정했고, 외출할 때는 긴 외투를 걸쳤지. 여자는 바지를 겉옷으로 입기도 했지만, 속바지를 입고 그 위에 치마를 입었으며, 그 위에 저고리를 입었어. 저고리는 길이가 삼국 시대보다 짧아졌고 여밈이 깊어졌으며 옷고름이 생겼어. 치마는 허리에만 잔주름을 잡고 그 아래로 자연스럽게 퍼지게 했으며 매우 길어졌지. 외출할 때는 외투를 입고 허리띠를 맸어.

평민은 삼베옷을 주로 입었고, 귀족은 비단옷을 주로 입었어. 고려 후기에 중국 원나라에서 생산성이 좋은 새로운 품종의 목화가 들어오면서 목화솜으로 만든 무명천이 옷감으로 쓰이기 시작했지. 무명천은 비단보다 싸면서도 촉감이 부드럽고 보온성도 좋으며 빨래하기도 쉬웠지만, 새로운 품종의 목화가 보급되는 데 오랜 시간이 걸리면서 고려 시대에는 널리 쓰이지 않았어.

노비들도 관모를 쓰다

고려 시대의 총각과 처녀들은 길게 기른 머리를 한 줄로 묶어 뒤로 내렸는데, 주로 총각은 검은색 천으로 머리를 묶고, 처녀는 붉은색 천으로 묶었지. 남자는 결혼하면 머리카락을 묶어 상투를 틀어 올리고, 그 위에 검은색 두건을 썼어. 여자는 결혼한 후에 쪽 찐 머리를 하고 작은 비녀를 꽂아 고정했지.

고려 시대 남자는 두건을 쓰지 않으면 몹시 창피하게 생각했어. 죄수나 벌로 두건을 쓰지 못했을 정도였지. 과거 시험에 합격한 진사는 두건에 깃을 달아 평민의 두건과 다르게 보이려 했고, 두건을 살 돈이 없는 사람은 대나무로 관을 만들어 쓰기도 했어. 고려 시대에는 머리에 쓰는 것이 무척 중요해서 왕실 집안이나 권세가의 노비도 관모를 썼어.

한편 일반 백성은 짚신, 나막신 등을 주로 신었고, 귀족과 승려는 가죽신을 신었어.

귀족 여자는 외출할 때 외투에 두른 허리띠에 금방울을 매고 향료 주머니를 찼어. 그리고 검정 비단으로 만든 '몽수'로 얼굴을 가렸어. 보통 둥근 테두리 모자를 쓰고 그 위에 몽수가 흘러내리게 했지.

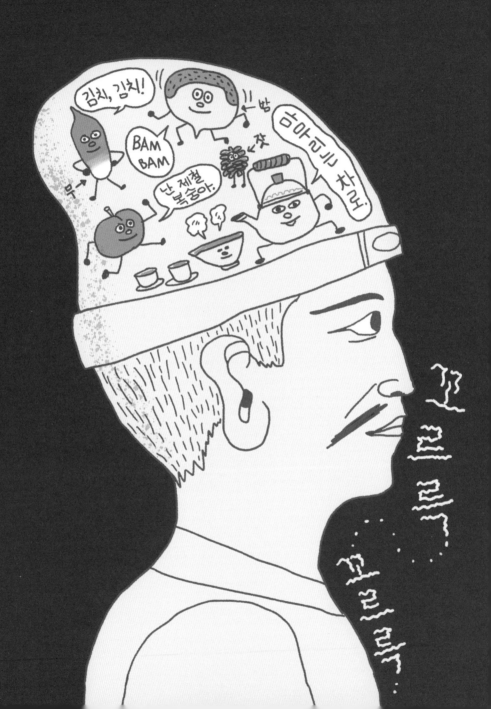

채소를 즐겨 먹고 차를 마시다

고려 시대 사람들은 살생을 금지하는 불교를 믿었기 때문에 음식으로 육류보다는 채소를 즐겼어. 다양한 채소를 소금물에 절여 김치를 만들어 먹었고, 두부와 함께 복숭아, 자두, 살구, 배, 대추 등의 과일과 밤, 잣, 호두를 즐겨 먹었어. 또 밀가루로 국수를 만들어 먹었는데, 밀가루 국수는 워낙 귀해서 잔치 때나 먹을 수 있는 특별한 음식이었고, 평소에는 주로 메밀국수를 먹었지.

불교가 발달한 고려에서는 귀족 사이에서 차를 마시는 풍습이 널리 퍼졌어. 차를 재배하는 곳이 늘어났고 중국 송나라에서 차가 수입되기도 했지. 하지만 차는 일반 백성이 마시기에는 너무나 비쌌어. 또 차와 함께 먹는 떡과 한과도 발달했어. 약식과 설기떡 등의 떡과 다식과 유밀과 등의 한과를 즐겨 먹었지.

고려 후기에는 몽고의 영향으로 고기 요리를 즐겨 먹기 시작했어. 또 몽고에서 만두와 비슷한 상화라는 음식과 소주의 제조법이 들어왔지. 그전에는 청주와 탁주를 즐겨 마셨는데, 소주는 점차 고려 사람들의 사랑을 받으면서 널리 퍼졌어. 상화는 고려에서 인기 있는 음식이었지만, 워낙 비싸서 누구나 쉽게 먹을 수 있는 음식은 아니었어.

온돌방과 마루가 생기다

고려 시대의 지배층은 주로 기와집에서 살았어. 귀족은 단청을 아름답게 칠하고 담장에도 기와와 자갈로 꽃무늬를 넣는 등 집을 매우 화려하게 꾸몄지. 하지만 일반 백성은 대부분 초가집에서 생활했어.

고려 시대의 집은 여전히 부엌과 방의 구분이 없이 한 공간에서 모든 것을 해결해야 하는 구조였어. 기와집이나 초가집 모두 집 안에서는 침대에서 자고 의자에 앉아 생활했으며, 화로나 난로에 숯이나 나무를 태워 난방을 했지. 그런데 땔감을 아껴야 하는 일반 백성은 같은 불로 밥도 짓고 구들을 덥혀 난방도 할 수 있는 온돌을 더 많이 사용했어. 그러면서 점차 온돌이 깔린 공간이 넓어졌고, 사람들은 그 온돌 위에 앉아 생활하기 시작했지.

온돌이 점차 발전하고 널리 사용되면서 고려 후기에는 방 전체에 온돌을 깐 온돌방이 나타났어. 그러자 귀족의 기와집에서는 온돌방과 부엌 사이에 벽을 쌓아 공간을 나누기 시작했지. 온돌방이 생기면서 사람들은 신발을 벗고 방 안으로 들어가야 했는데, 그 중간 역할을 하도록 생겨난 것이 마루야. 마루는 통풍이 잘되어 여름을 시원하게 날 수 있는 공간이기도 했지. 그래서 고려 후기에는 한 건물에 온돌방, 마루, 부엌이 벽으로 구분된 집을 짓기 시작했어.

귀족과 농민이
같은 양인이라고?

고려의 신분 제도는 크게 양인과 천인으로 나뉘었어. 양인은 자유롭게 활동할 수 있고 과거 시험을 통해 관리가 될 수 있지만, 국가를 위해 세금을 내고 일해야 하는 의무가 있었지. 반면에 천인은 자유롭지 못하지만 국가에 대한 의무도 없었어. 천인은 대부분 노비였고, 광대, 뱃사공, 도축업 등 일부 천한 직업을 가진 사람들도 포함됐어. 신분은 후손에게 그대로 세습되었지. 부모가 노비면 자식도 노비가 되었고, 부모 가운데 어느 한 사람만 노비여도 그 자식은 모두 노비가 되었어.

양인은 다시 귀족, 중류층, 양민으로 나뉘었어. 귀족은 왕족과 중앙의 고위 관리이고, 중류층은 하급 관리와 지방의 관리, 군인 중 하급 장교 등이지. 나머지 양민은 농민과 상인, 수공업자인데, 이들은 먹고살기 바빠서 과거 시험으로 관리가 되는 건 거의 불가능했어.

반면에 귀족의 후손은 과거 시험을 보지 않고 관리가 될 수 있는 음서 제도가 있었고, 주로 귀족들끼리 혼인하여 자기만의 계층을 만들었어. 이렇게 자기 신분이 그대로 후손에게 전달되면서 양인도 계층이 나뉜 거야. 하지만 중류층은 과거에 합격하여 관리가 된 후에 공을 많이 세우면 귀족이 될 수 있었어. 그래서 고려 시대에는 지배층인 귀족과 중류층 그리고 피지배층인 양민과 천민으로 신분을 나누기도 해.

고달픈 농민의 삶

　　고려 시대의 일반 백성들 대부분은 농사짓는 농민이었어. 농민은 수확한 농산물의 일부를 세금으로 내고, 지역 특산물을 국가에 바쳤으며, 국가의 각 종 공사에 동원되어야 했어. 농사가 잘되면 세금을 내고도 먹고사는 데 어려 움이 없었지만, 흉년이 들면 빚을 얻어야 살아갈 수 있었지. 나라에서는 의창 이라는 기관을 두고 농민들에게 곡식을 빌려 주었어. 절에서도 곡식을 빌려 주었는데, 절이 의창보다 이자가 훨씬 비쌌다고 해.

　　나라에서는 백성들이 사는 고을을 본관이라 정하고, 백성들이 마음대로 다른 고을로 이사 가지 못하게 했어. 고을마다 등급이 있었는데, 나라에서 직접 관리를 파견하는 고을에 사는 백성들이 더 좋은 대우를 받았지. 향, 소, 부곡이라는 특수한 고을에 사는 사람들은 세금도 내면서 나라에서 정해 준 대로 종이, 먹, 도자기, 금, 은과 같은 특별한 물건을 바쳐야 하는 차별 대우 를 받았어.

　　반면에 관리들은 나라로부터 곡물이나 옷감 등을 받아 생활했어. 관리는 보통 아침에 출근하여 오후 늦게 퇴근했지. 지금의 일요일처럼 며칠 일하고 하루를 쉴 수 있는 휴일이 있었어. 그리고 팔관회, 연등회, 설날, 한식, 추석 등의 휴가가 있었지.

절에서도 물건을 팔고 무역도 활발하다

수도 개경에서 가장 번화가인 남대가에는 나라에서 운영하는 시장인 시전이 있었어. 시전에는 나라에서 운영하는 상점도 있었는데, 주로 책, 종이, 모자, 약 등과 수공업품을 팔았지. 시전은 주로 관청이나 귀족들이 이용했는데, 관청에서 허가된 상품 외에는 팔 수 없고, 가격도 관청에서 통제했어. 서경(평양) 등의 대도시에도 나라에서 운영하는 상점이 있었지.

한편 개경에는 농민이 생산한 채소, 과일, 땔감이나 짚신 등을 팔기 위한 작은 시장이 곳곳에 열렸는데, 이곳에서는 상인이 그릇, 어물, 소금 등을 팔기도 했어. 나라에서 화폐를 발행했지만, 사람들은 화폐 대신 주로 쌀과 옷감으로 물건을 사고팔았지.

지방에서도 곳곳에 시장이 열려 상인들이 쌀이나 옷감을 받고 다양한 물건을 팔았어. 지방에 있는 절에서도 경제 활동이 활발했지. 절에서는 쌀, 차, 마늘, 파 등의 농산물을 재배하여 팔았고, 소금, 기름, 벌꿀 등과 승려가 만든 다양한 수공업품을 팔았어. 또 농민에게 부족한 식량이나 씨앗을 빌려 주고 나중에 이자를 더해 받는 대부 활동도 했지.

무역도 활발하여 고려의 무역항인 벽란도에는 외국 선박들이 붐볐어. 무역은 나라에서 관리했고, 외국인과의 거래는 관원 앞에서 이루어졌지. 외국과의 무역에서는 주로 은을 화폐로 사용했어.

남녀 차별 없는 가족 문화

고려 시대에는 여자 나이 18세 무렵, 남자 나이 20세 무렵에 주로 같은 신분의 사람과 결혼했지. 결혼식은 주로 신부 집에서 치렀고, 결혼 후에 한동안 신랑은 신부 집에서 함께 사는 풍습이 널리 퍼져 있었어. 결혼한 자녀는 대개 따로 나가 살아서 결혼한 부부와 자녀로 이루어진 소가족이 많았고, 결혼한 형제자매가 한집에 사는 대가족은 드물었지.

가족 안에서 남녀 차별이 거의 없었어. 부모님이 재산을 물려줄 때도 아들과 딸을 구분하지 않고 똑같이 나누었지. 결혼할 때도 남녀가 동등한 권리를 갖고 있었어. 결혼할 때 가지고 간 여자의 재산은 남편에게 넘어가지 않고 그대로 부인의 소유로 인정받았고, 부인에게 재산을 물려줄 자식이 없으면 그 재산은 부인이 죽은 후에 친정 재산이 되었지. 이혼할 때도 여자는 자기 재산을 다 챙겨 나올 수 있었어. 나이 든 부모를 모시는 일도 아들과 며느리뿐 아니라 딸과 사위가 맡는 경우가 많았지.

부부 관계가 평등했으므로 이혼이 드물지 않았어. 부부간의 문제가 생기면 참고 사는 것보다 이혼을 택하는 경우가 많았거든. 남편이 죽은 후에는 여자는 시집살이를 계속하지 않고 친정으로 되돌아갔어. 그리고 얼마든지 재혼을 할 수 있었지. 하지만 가족 안에서 남녀가 평등했다고 해도, 관리가 되거나 공적인 사회 활동은 남자의 몫이었어.

최고의 종교 행사,
연등회와 팔관회

고려 시대에 불교는 왕에서부터 일반 백성까지 누구나 믿는 종교였어. 고려 왕실과 귀족의 자식이 승려가 되는 경우도 많았고, 일반 백성도 가족 중에 승려가 있는 집안이 많았지. 사람들은 불교를 통해 국가의 번영과 개인의 행복을 빌었어. 각종 불교 행사도 끊이지 않고 열렸는데, 그중 연등회와 팔관회가 가장 대표적이야.

연등회는 매년 음력 정월 대보름에 등을 달아 밝히고 부처님께 복을 비는 행사로, 고려의 수도인 개경뿐만 아니라 전국 곳곳에서 열렸어. 궁궐과 관청, 마을에 수많은 등불이 달려 밤에도 대낮처럼 밝았고, 차와 떡 등의 음식이 마련되었지. 왕과 신하는 나라의 안녕을 빌었고, 백성들도 거리로 나와 노래를 부르고 춤을 추며 나라의 평안과 개인의 행복을 빌었어.

팔관회는 원래 불교에서 시작되었지만, 산신이나 땅의 신과 같은 토속신에게 나라의 안녕과 추수를 감사하는 제사의 성격도 있어. 매년 11월에 이틀 동안 열렸는데, 지방의 관리도 자기 고을에서 제사를 올리고 개경으로 올라와 참여했지. 왕은 제사를 올린 다음, 신하와 외국에서 온 상인, 사절단에게 축하를 받고 선물을 주고받았어. 왕은 이들과 함께 각종 공연을 즐기고, 밤늦도록 등불을 밝힌 궁궐에서 술과 음식을 함께 즐겼지. 궁궐 밖에서도 백성들이 춤과 노래를 함께 즐겼어.

풍수지리설의 명당

고려 시대 사람들의 다양한 정신세계

고려 시대 사람들은 도교와 풍수지리설을 많이 믿었어. 도교는 음양오행설과 별자리 신앙을 믿고 옥황상제, 일월성신, 성황신, 토지신 등 여러 신을 모시며, 그 신들에게 복을 비는 종교야. 도교는 국가의 안녕과 왕실의 번영을 기원하는 역할을 했으므로 왕실에서 많은 지원을 했지.

풍수지리설은 땅의 모양과 방향이 인간 생활에 미치는 영향을 설명하는 이론으로 산과 물, 인간의 조화를 무엇보다 중요하게 생각해. 신라 말기에 중국에서 들어와서 고려 시대에 널리 퍼졌지. 고려는 중요한 정책을 결정하거나 행사를 준비할 때 풍수지리설의 영향을 크게 받았어. 심지어는 개경 땅의 기운이 약해졌으므로 풍수지리설에 따라 수도를 옮겨야 한다는 주장이 나오기도 했지. 귀족과 백성도 절을 짓거나 마을과 집터를 정할 때 풍수지리설의 영향을 크게 받았어.

고려 시대 사람들의 정신세계에는 유학도 있었어. 유학은 나라를 다스리는 정치 이념으로 자리 잡았지. 백성을 다스리는 관리가 되기 위해서는 유학을 공부해야 했는데, 개경과 지방에 유학을 가르치는 교육 기관이 있었어. 고려 말기에는 유학자들이 불교와 도교, 풍수지리설을 비판하고 사회를 개혁하려 노력했지.

불교식 화장에서 유교식 매장으로

고려 시대에는 죽은 사람을 불교식으로 화장하는 장례 풍습이 유행했어. 그런데 유학의 영향이 점점 커지면서 유교식 장례 풍습으로 바뀌어 갔지.

유교에서는 죽은 사람의 몸을 훼손하는 것은 죽은 이를 모독하는 행위라고 여겼어. 그래서 유학자들은 불교식 장례 풍습인 화장을 금지할 것을 정부에 요청하기도 했지. 유교식 장례에서는 부모가 죽으면, 부모 시신을 땅에 묻고 그 무덤 앞에서 아들이 아침저녁으로 밥을 올리며 3년간 상복을 입어야했어. 그런데 만약 관리의 부모가 죽었을 때 그렇게 하려면 관직에서 너무 오랫동안 떠나 있어야 했지. 그래서 정부에서는 부모상을 당한 관리에게 100일 휴가를 주고, 1주기와 2주기에 각각 7일의 휴가를 주어 약식으로 3년상을 치르게 했어.

늙은 부모를 산속에 버리는 장례 풍습인 고려장이 고려 시대에 있었다고 전해 오는데, 완전히 틀린 이야기야. 사실 늙은 부모를 산에 버리려 했던 설화가 전해 오긴 해. 하지만 조선 시대에 고려를 깎아 내리려고 이 이야기를 부풀린 거야. 노인을 버린다는 기로장(棄老葬)이 와전된 이야기라는 말도 있지. 고려는 부모님에게 불효를 저지르면 엄하게 처벌하는 나라였어.

신분에 따라 다른 옷차림

조선 시대 사람들은 남녀노소, 신분에 상관없이 윗옷으로 옷고름이 달린 저고리를 입었어. 여름에는 홑저고리, 봄가을에는 겹저고리, 겨울에는 솜을 누빈 저고리를 입었지. 남자 저고리는 그 길이가 허리에 닿았고, 여자 저고리도 처음에는 남자 저고리와 모양과 길이가 비슷했는데, 조선 후기로 갈수록 길이가 점점 짧아져서 나중에는 가슴을 간신히 가릴 정도가 되었어.

아래옷으로 남자는 바지를, 여자는 치마를 입었어. 바지는 통이 넓어서 가랑이 끝을 대님으로 매어 여몄고, 여름에는 홑바지, 봄가을에는 겹바지, 겨울에는 솜바지를 입었지. 여자도 치마 속에 속옷으로 바지를 입었는데, 대님을 매지 않았어. 가난한 백성은 폭이 좁고 짧은 치마를 입었지만, 양반가 부녀자는 길고 풍성한 치마를 입었지.

양반가 남자는 외투로 도포, 두루마기, 창옷 등을 입었어. 양반은 손님이 왔을 때 집에서도 저고리 위에 외투를 걸쳤지. 조선 시대는 신분제 사회이므로 일반 백성이 양반의 외투를 입지 못했어. 일반 백성은 평상시 외투를 잘 입지 않았지만, 외출할 때는 주로 소매와 통이 좁은 작은 창옷을 입었지. 양반가 여자는 외출할 때 장옷이나 쓰개치마, 너울 등으로 얼굴을 가렸어. 고려 시대의 몽수는 길이가 짧아지면서 너울로 변했지.

점점 커진 갓과
점점 높아진 머리

남자는 결혼하면 상투를 틀고, 양반은 상투 튼 머리에 망건을 두르고 정자관이나 탕건을 썼어. 양반은 외출할 때는 갓을 썼는데, 조선 후기로 갈수록 갓 크기가 점점 커졌지. 또 양반은 망건, 갓끈, 부채 등으로 멋을 부렸어. 망건에 금이나 옥 등으로 만든 관자와 가운데에 호박 등으로 만든 장식물을 달았지. 갓에는 옥, 호박, 산호, 수정 등을 꿰어 만든 갓끈을, 부채 끝에는 백옥, 비취, 호박 등으로 만든 장식물을 달았어.

여자의 머리 모양은 어여머리, 얹은머리, 트레머리, 쪽머리, 땋은 머리 등 매우 다양했는데, 신분이나 계급에 따라 머리 모양이 달랐어. 어여머리는 궁녀나 상류층 부녀자가 하는 머리였고, 끝에 댕기를 단 땋은 머리는 결혼 안 한 여자들의 머리였어. 얹은머리는 부인들이 가장 많이 한 머리였는데, 조선 중기부터 여자의 머리 장식이 점점 높아졌지.

머리 위에 다른 머리를 얹는 가체도 유행했어. 부인들은 가체에 온갖 화려한 장신구로 치장하며 많은 돈을 썼지. 그러자 나라에서는 사치스럽다며 가체를 금지하기도 했어. 그 후, 조선 후기에는 쪽머리가 유행했지. 또 남녀 모두가 칼집을 갖춘 작은 칼을 장신구로 매달고 다녔는데, 이것을 장도라고 불렀어. 은으로 장식한 것을 은장도라고 불렀지.

하루에 두 번, 각자 상을 받는 식사

조선 시대 사람들은 지역과 계절, 경제력에 따라 다르지만 대체로 아침과 저녁에 하루 두 끼를 먹었고, 점심을 먹더라도 간식 정도의 간단한 식사를 했어. 주로 해가 긴 여름에는 간단한 점심을 포함하여 세 끼를 먹고, 해가 짧은 겨울에는 두 끼를 먹었다고 해. 그런데 한 끼에 먹는 양이 매우 많았어. 밥그릇 크기가 오늘날 성인 밥그릇보다 두 배나 컸거든.

밥과 국, 김치는 조선 시대 밥상의 기본 차림이었어. 이 기본 차림에 부유한 양반은 7첩반상이라고 하여 장류, 찌개, 구이, 조림, 전, 젓갈 등 7가지 반찬을 상에 올렸어. 가난한 평민들은 주로 밥과 국, 김치만으로 먹었고, 여유 있는 평민들은 3첩반상이라고 해서 기본 차림 외에 3가지 반찬을 상에 올렸으며, 좀 더 부유한 평민들은 5가지 반찬이 나오는 5첩반상을 차리기도 했지.

밥을 먹을 때는 국에 밥을 말기도 했으므로 젓가락과 숟가락 모두를 사용했어. 그리고 양반가에서는 식구가 모두 한 상에 둘러앉지 않고 각자 상을 받아 먹었어. 그래서 집집마다 작은 소반을 몇 개씩 가지고 있었지. 어린이는 한 상에서 밥을 먹기도 했지만, 성인 남자는 혼자 상을 받는 것이 원칙이었어.

외국에서 들어온 식재료로 다양해진 밥상

조선 시대에 북쪽 사람들은 주로 조로 밥을 지어 먹었고, 남쪽 사람들은 보리나 잡곡이 섞인 쌀밥을 주로 먹었지. 조선 시대에 김치는 소금이나 식초, 장에 절인 채소를 뜻해서 깍두기, 오이소박이, 장아찌, 오이지, 단무지 등이 모두 김치였어.

지금과 같이 고춧가루가 들어간 김치는 18세기부터 먹었지. 고추가 임진왜란이 끝난 후에 일본을 통해 들어왔거든. 그전에는 주로 소금, 후추, 산초, 생강, 겨자 등으로 김치를 만들었는데, 후추는 워낙 비싼 향신료여서 부유한 양반만 먹을 수 있었어. 그런데 순무, 오이, 가지 등으로 담근 김치를 주로 먹었고, 배추로 담근 김치는 많지 않았어. 18세기 말에 중국으로부터 크고 맛있는 배추 품종이 들어온 후에야 지금과 같은 배추김치를 널리 담가 먹기 시작했지.

조선 후기에 고추만 들어온 게 아니야. 17세기와 19세기 사이에 일본과 중국으로부터 새로운 식품이 전해지기 시작했어. 고구마, 감자, 옥수수, 호박, 토마토 등이 들어왔지. 특히 고구마와 감자는 가뭄이나 홍수에도 잘 견디어 널리 재배되었는데, 흉년이 들어 식량이 부족할 때 곡물 대신 먹는 음식인 구황 식품으로 먹었다고 해. 이전에는 구황 식품으로 주로 나무 열매나 각종 나물을 곡식과 섞어서 죽으로 먹었는데, 훌륭한 구황 식품이 새로 생긴 거야.

여자의 안채와
남자의 사랑채

조선 시대 양반의 집은 여자가 주로 생활하는 안채와 남자가 주로 생활하고 손님을 맞이하는 사랑채로 나뉘었어. 조선 전기에는 살림하는 집 앞쪽에 마루가 딸린 사랑방이 따로 있었을 뿐 공간이 따로 나뉘지 않았는데, 남녀를 엄격하게 구분하는 유교 사상이 점점 강해지면서 사랑채가 점점 커진 거야. 조선 중기부터 아예 사랑채를 따로 지었고, 안채와 사랑채의 구분은 조선 후기에 널리 퍼졌어.

집 가장 깊숙한 곳에 자리 잡은 안채는 대청마루를 사이에 두고 두 개의 방이 있는데, 각각 시어머니와 며느리의 방이야. 안채는 여자가 음식을 만드는 곳이기도 했으므로 부엌과 식품을 보관하는 창고가 발달했지. 자녀가 태어나면 어릴 때까지 안채에서 주로 생활했어.

또 돌아가신 조상의 이름이 적힌 나무패인 신주를 모셔 놓은 사당을 따로 세운 양반집도 있었는데, 이곳에서 조상의 제사나 차례를 지냈지. 집 안에 사당을 세울 수 없는 가난한 사람들은 마루 한쪽에 작은 벽장을 만들고 신주를 모셨어. 사당은 조선 후기에 일반화되었지.

또 집안일을 하는 노비의 방과 창고, 여러 가지 작업 공간이 있는 곳을 행랑채라 하는데, 집 대문 옆에 붙어 있었어. 집 대문은 주변 건물의 지붕보다 높게 만들어서 양반집의 위엄을 드러냈지.

지방마다 다른
집의 모양

조선 시대 평민은 대부분 농사를 짓는 농민이었어. 대부분 초가집을 짓고, 마당을 사이에 두고 살림채와 부속채가 있었지. 살림채는 방과 마루, 부엌으로 이루어졌고, 부속채는 농기구를 보관하는 헛간, 곡식을 보관하는 곳간, 소를 기르는 외양간 등이 있었어.

평민의 집은 지방마다 조금씩 달랐어. 남부 지방에서는 여름철이 무척 덥고 습기가 많아 바람이 잘 통하도록 집을 지었어. 안방과 건넛방 사이에 마루가 있어 집이 ─자 모양이고, 마루가 넓으며 창과 문이 컸지. 반면에 겨울철이 무척 추운 북부 지방에서는 찬바람을 막기 위해 마루가 없이 방들이 서로 붙어서 마당을 빙 둘러싼 ㅁ자 모양으로 집을 지었어. 특히 추운 지방에서는 부엌과 방 사이에 벽을 두지 않고 부뚜막에 방바닥을 연결한 정주간이라는 공간을 두어 좀 더 따뜻하게 겨울을 날 수 있었지. 중부 지방의 집은 북부와 남부 지방의 중간 형태로 남부 지방의 집에 비해 마루가 좁고 창문이 작았어.

평민은 주변에서 쉽게 구할 수 있는 재료로 집을 지었어. 나무와 흙을 이용해 뼈대를 세우고 벽을 만드는 건 어느 지방이나 비슷하지만, 산골에서는 나무를 기와처럼 쪼개 얹은 너와집, 굴참나무 껍질을 벗겨 지붕을 얹은 굴피집, 통나무를 층층이 쌓아 벽을 만든 귀틀집을 짓기도 했어.

조선 시대의 통과 의례

태어나서 성인이 될 때까지

조선 시대에 아기가 태어나면 새끼줄을 왼쪽으로 꼰 금줄을 대문에 매달았어. 아기가 태어났음을 알리고 안전을 위해 사람이 함부로 드나들지 못하게 하려는 뜻이야. 아들이면 금줄에 고추와 숯, 딸이면 숯과 솔가지를 매달았어. 태어난 지 21일째가 되면 금줄이 사라지고 사람들이 찾아와 아기의 탄생을 축하해 주었지.

아기가 태어난 지 100일이 되면 아기에게 새 옷을 입히고 백설기와 수수경단 등의 떡이 놓인 백일상을 차려 사람들과 함께 나누어 먹었어. 당시에는 태어나고 100일 전에 죽는 경우가 많아서 아기가 어려운 고비를 잘 넘겼다는 뜻이 담긴 행사지.

아기가 태어난 지 1년이 되는 첫 번째 생일에 돌잔치를 벌였어. 아기에게 돌복을 입히고 아기의 미래를 점치는 돌잡이를 했지. 아기가 쌀과 돈을 집으면 부자, 국수와 무명실을 집으면 장수, 대추는 자손 번창, 책은 학문, 붓과 먹은 문필가가 되리라 점쳤다고 해.

7세가 되면 서당에 나가 천자문을 시작으로 글공부를 시작하고, 15세가 넘으면 좋은 날을 받아 어른이 되었음을 알리는 성년식을 치렀어. 남자아이는 상투를 틀어 관을 씌워 주고, 여자아이는 머리를 올려 쪽을 찌고 비녀를 꽂는 의식인데, 대부분 따로 하지 않고 혼례식에서 했어.

결혼은 집안과 집안의 결합

조선 시대에는 남자 15세, 여자 13세가 되면 결혼할 수 있었어. 그런데 출신이나 신분에 상관없이 자유롭게 결혼할 수 있는 건 아니었어. 조상이 같은 성씨거나 양반과 천민은 결혼할 수 없었지.

양쪽 집안에서 결혼하기로 정하면, 남자 집에서 여자 집으로 사주를 보냈어. 사주는 신랑이 될 사람의 태어난 해, 달, 날, 시간을 말해. 그러면 여자 집에서 결혼 날짜를 정해 남자 집에 알렸지. 결혼식 전날에는 신랑 집에서 옷감과 편지가 든 함을 신부 집에 보냈어. 결혼식 전까지 신랑과 신부는 서로 얼굴 한번 볼 수 없었고, 결혼 이야기는 신랑과 신부의 부모들만이 주고받았지. 조선 시대 결혼은 집안과 집안의 결합이었던 거야.

결혼식 날, 관모에 관복을 입은 신랑은 말을 타고 신부 집으로 향하고, 원삼을 입은 신부는 머리에 족두리를 쓰고 얼굴에 연지, 곤지를 찍은 채 신랑을 기다렸지. 신부 집에 도착한 신랑은 신부 아버지에게 절을 하고 신부 집 마당에서 결혼식을 올렸어.

결혼식이 끝나고 신랑과 신부는 신부 집에서 머물다가 신랑 집으로 가서 신랑 부모에게 인사를 드렸어. 이때 신부는 시댁 어른들에게 큰절을 하고 술을 올렸으며, 시댁 어른들은 신부에게 대추를 던져 주면서 자식을 많이 낳고 행복하게 살라고 기원해 주었는데, 이것을 폐백이라고 해.

길고 복잡한
장례 풍습

조선 시대에는 60세까지 사는 사람이 드물었으므로 61세에 환갑이라고 하여 큰 잔치를 벌였어. 환갑을 맞은 사람은 자식이 마련한 새 옷을 입고 잔 칫상을 받았지. 잔칫상에는 오래 살기를 기원하는 마음을 담아 음식을 높이 쌓았어.

그리고 죽음을 맞이하면 엄숙한 장례를 치렀지. 죽은 사람의 몸을 씻긴 후에 생전에 입던 옷 중에서 가장 좋은 옷을 골라 입히고 죽은 지 3일 후에 관에 넣었어. 가족은 삼베로 만든 상복을 입고 문상 온 손님들을 맞이했지. 관은 상여에 실리어 묘지로 옮겨지고 땅에 묻혔으며, 둥글게 무덤을 만들었어. 조선 초기에는 고려 시대 불교의 영향으로 죽은 사람을 화장하는 장례 풍습이 아직 남아 있었지. 하지만 정부의 강력한 단속으로 화장은 점차 줄어들었고, 15세기 말에는 거의 자취를 감추었어.

장례 기간은 왕이 죽으면 5개월, 양반 집안에서는 1~3개월이었고, 일반 백성도 지금의 3일보다 길었다고 해. 부모님이 돌아가시면 맏아들이 상투를 푼 채 묘지 옆에 움막을 짓고 26개월 동안 부모님이 살아 계시듯이 돌보았어. 이 기간을 삼년상이라고 불렀는데, 그동안은 상복을 입고 술과 고기를 멀리했다고 해.

설날, 정월 대보름, 한식

오랜 관습으로 해마다 되풀이해서 즐기거나 기념하는 날을 명절이라고 하고, 명절에 되풀이해서 하는 일과 놀이, 먹는 음식 등 다양한 생활 모습을 세시 풍속이라고 해. 조선 시대 명절과 세시 풍속은 달의 변화를 보고 만든 달력인 음력과 태양의 움직임에 따라 정한 24절기를 바탕에 두고 있지.

먼저, 음력 1월 1일은 새해의 첫날로 설날이라고 불렀어. 이날 아침에 정성껏 마련한 음식을 차려놓고 조상께 차례를 지냈지. 차례가 끝나면 집안의 웃어른에게 새해 첫인사로 세배를 했어. 한양에서는 아침으로 떡국을 먹었는데, 떡국에는 꿩고기를 넣었다고 해. 그리고 윷놀이와 연날리기를 즐겼지.

음력 1월 15일은 새해 들어 처음 보름달이 뜨는 날로 정월 대보름이라고 불리는 명절이야. 이날 아침에 오곡밥과 여러 가지 나물을 먹고, 밤, 호두, 잣, 은행 같은 단단한 열매를 깨물었는데, 이래야 이가 단단해지고 부스럼이 나지 않는다고 믿었어. 마을 사람들은 줄다리기를 즐겼고, 농악대는 집집마다 돌며 마을과 가정의 평안을 빌었지. 사람들은 떠오르는 달을 보며 소원을 빌었고, 달의 모양을 보며 그해의 농사를 점쳤어.

동지로부터 105일째 되는 날은 한식이라고 하여 성묘하고, 잡풀을 베고 잔디를 새로 입히는 등 묘를 돌보았지. 이날은 불을 피우지 않고 차가운 음식을 먹었다고 해.

삼짇날, 초파일, 단오, 유두, 칠석

음력 3월 3일은 강남 갔던 제비가 돌아온다는 삼짇날이야. 이날에는 산에 가서 진달래꽃을 뜯어다가 찹쌀가루를 반죽하여 진달래화전을 지져 먹었어. 또 장을 담글 수 있는 마지막 날이라고 하여 장을 많이 담갔지. 남자들은 활 쏘는 솜씨를 겨루는 대회를 열었어.

음력 4월 8일은 부처가 태어난 날로 초파일이라고 불렀어. 백성들은 여전히 불교의 영향을 많이 받는 터라 이날을 기념했지. 사람들이 절을 찾아 형형색색의 등을 달고, 탑을 둥글게 에워싸고 한 방향으로 돌면서 소원을 빌었어.

음력 5월 5일은 단오라는 명절이야. 수릿날이라고도 불리는 이날은 피부가 고와진다며 아침 이슬을 받아서 세수를 했어. 수리취라는 나물을 뜯어 떡을 해 먹었고, 창포를 삶은 물에 머리를 감았지. 그리고 그네뛰기와 씨름을 즐겼어.

유두라고 불리는 음력 6월 15일에는 수박, 참외 같은 과일이 나기 시작하므로 햇과일과 밀로 만든 국수와 떡을 상에 올려 조상께 차례를 지내고, 동쪽으로 흐르는 개울에 몸을 씻었어.

음력 7월 7일은 밤하늘 은하수에 놓인 오작교를 건너 견우와 직녀가 만난다는 전설이 있는 날이야. 칠석이라고 불리는 이날에 부인들은 장독대 위에 물을 떠 놓고 집안의 평안을 빌었다고 해.

백중, 추석, 중양절, 동지, 섣달그믐

음력 7월 15일은 백중이라고 하여 호미를 잘 씻어 보관해 두었어. 김매기가 끝나 이제 호미 쓸 일이 없거든. 그동안 농사를 짓느라 고생한 사람들에게 술과 음식을 대접했지.

음력 8월 15일은 추석이야. 이날은 1년 중 가장 달이 밝다고 해서 한가위라고도 불렀어. 그동안 가꾼 곡식과 과일을 수확하는 때라서 먹을거리가 풍족했지. 햇곡식으로 만든 음식과 햇과일을 상에 올려 조상께 차례를 지내고, 조상의 묘를 찾아 벌초하고 성묘를 했어. 밤에 보름달이 뜨면, 높은 곳에 올라 보름달을 보며 다음해 농사가 잘되기를 빌었고, 여자들이 모여 춤과 노래를 부르며 강강술래 놀이를 했지.

음력 9월 9일은 중양절이라고 하여 사람들이 단풍이 예쁘게 든 산에 올라 술을 마시고 시를 지으며 놀았어. 이날에는 국화전과 유자로 만든 화채를 즐겨 먹었지. 음력 10월에는 5대 이상의 조상 무덤을 찾아가 제사를 지냈는데, 이 제사를 시제라고 해. 그리고 겨우내 먹을 김치를 담그는 김장을 했지.

음력 11월에는 1년 중 밤이 가장 긴 날인 동지가 있어. 이날에는 팥죽을 쑤어 먹었어. 1년의 마지막 날인 섣달그믐에는 집 안 구석구석을 청소하고 집 안 어른들께 세배를 했어. 이걸 묵은세배라고 해. 이날 밤에는 뜬눈으로 밤을 새워야 복을 받는다고 믿었어.

양반 카드

과거 시험만 통과하면
편안하게 살 수 있다.

중인 카드

아무리 능력이 뛰어나도
높은 벼슬은 할 수 없다.

상민 카드

세금을 내고,
군인이 되어야 하는 등의
의무가 있다.

천민 카드

세금을 내거나 군인이 될
의무가 없지만, 어떤 권리도
없고 자유도 없다.

권리가 많은 양반과
의무가 많은 상민

조선의 신분 제도는 고려처럼 크게 양인과 천민으로 나뉘었어. 양인은 과거 시험을 통해 관리가 될 수 있지만, 세금을 내고 군대에 가야 하며 나라의 각종 공사에 동원되어 일해야 하는 의무가 있었어. 반면에 대부분 노비인 천민은 세금을 내거나 군대에 갈 의무가 없지만, 어떤 권리도 없었고 자유롭지도 못했어. 노비는 주인이 마음대로 사고팔 수 있었고 자손들에게 물려주었지.

그런데 양인은 다시 양반과 중인, 상민으로 나뉘었어. 양반은 과거 시험을 통해 관리가 되었고, 관리가 되면 나라로부터 곡식과 옷감을 받아 편안한 생활을 할 수 있었지. 군인이 되거나 공사에 불려 가는 양인의 의무도 관리가 하는 나랏일로 대신했어.

중인은 양반과 상민의 중간 신분으로, 오늘날의 의사인 의관, 통역관인 역관, 화가 등의 기술 관리들이 속했어. 지방을 다스리는 수령을 돕는 향리도 중인이었지. 양반 집안에서 태어났지만 첩의 자식도 중인에 속했어. 중인은 아무리 능력이 뛰어나도 높은 벼슬을 할 수 없었지.

백성들 대부분은 상민에 속했어. 주로 농사짓는 농민이었는데, 장사하는 상인과 물건 만드는 수공업자도 상민이었지. 이들은 세금을 바치고 군인이 되는 등 양인의 의무를 다해야 했어. 가축을 잡는 백정, 광대, 무당 등도 상민이었지만, 다른 상민에 비해 심한 차별 대우를 받았어.

조선 후기로 갈수록 점점 심해진 남녀 차별

조선 시대는 어릴 때부터 남녀 차별이 심했어. 남자아이는 어릴 때부터 숫자를 배우고 7세가 되면 글공부를 시작했지만, 여자아이는 비단 짜는 법과 옷 만드는 법 등을 배웠지. 여자는 집 밖으로 자유롭게 나가지도 못했고, 외출할 때는 장옷 등으로 반드시 얼굴을 가려야 했어. 그런데 이러한 남녀 간의 구별은 양반의 이야기야. 서민은 모두가 논밭에 가서 일해야 했으므로 남녀를 구별할 수 있는 처지가 아니었거든. 하지만 양반이든 서민이든 여자는 결혼 전에 아버지를 따르고, 결혼 후에 남편을 따르며, 남편이 죽은 후에 자식을 따라야 한다는 생각을 가졌어.

늘 남녀 차별이 심했던 건 아니야. 조선 전기에는 부모가 자식에게 재산을 물려줄 때 남녀 간의 구별을 두지 않았어. 제사를 지낼 맏아들이 가장 많이 재산을 상속받았지만, 그 외 자녀에게는 골고루 나눠 주었어. 결혼한 딸도 똑같이 재산을 상속받았지. 여자는 결혼할 때 가지고 온 재산을 결혼 후에도 따로 경영했고, 자식 없이 죽은 후 남편이 재혼하면 그 재산은 친정으로 보내졌어. 하지만 조선 후기로 갈수록 점점 유교 사상이 강해지면서 차별이 심해졌어. 딸은 아들보다 훨씬 적게 상속받았고, 결혼한 딸은 상속을 받지 못했지. 조선 전기에는 결혼한 여자가 남편이 죽은 후에 재혼할 수 있었지만, 성종 임금 때부터 재혼을 하면 아들과 손자가 벼슬길에 오르지 못했어.

마을을 지키는 신앙

조선 시대의 마을은 유교를 믿는 선비를 중심으로 농민이 함께 모여 사는 모습이 가장 흔했어. 선비는 마을에 유교 질서를 세우려고 했지만, 오랜 세월 농민이 지켜온 공동체의 전통은 사라지지 않았지. 그 전통에는 마을의 안녕과 복을 비는 신앙이 담겨 있어.

마을의 전통으로 가장 먼저 만날 수 있는 건 마을 입구에 서 있는 장승이야. 마을 사람들은 장승의 얼굴을 무섭게 만들어 마을로 들어오는 잡귀와 전염병, 재앙이 겁을 먹고 도망가길 바랐지. 장승은 거리를 알리는 이정표 노릇을 했고, 풍수지리설에 따라 마을의 기운이 허한 곳을 보충하는 역할도 했어. 마을 입구에는 마을의 안전을 기원하고 풍년을 바라는 마음을 담아 솟대도 세웠어. 또 마을 입구나 고갯마루 길가에는 마을을 수호하는 서낭신을 모신 서낭당도 있었는데, 그냥 돌무더기를 쌓아 놓거나 신당을 세웠지.

마을 입구나 한복판에는 크고 오래된 나무가 하나 서 있는데, 마을을 지키는 당산나무야. 당산나무는 대개 느티나무나 팽나무였어. 마을 사람들은 정월 대보름에 마을의 평안과 안녕을 기원하며 당산나무 아래서 마을신에게 제사를 지냈어. 제사 때는 당산나무에 금줄과 천 조각을 두르고, 마을 사람들이 모두 모여 음식을 장만했지. 제사를 지낸 다음, 사람들은 배불리 먹고 춤과 노래와 놀이를 즐기며 마을 잔치를 벌였어.

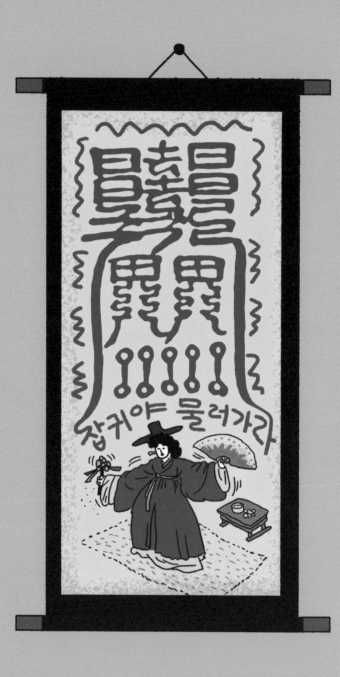

집안을 지키는 신앙

우리 조상들은 마을뿐만 아니라 집 구석구석에 그곳을 지키는 신이 있다고 믿었어. 그 신 중 가장 으뜸 신은 집을 지키며 집안의 운을 좌우하는 성주신이야. 여러 겹 접은 한지 등을 마루 대들보에 붙이거나 단지에 쌀을 담아서 대청마루 한구석에 놓고 성주신을 모셨지.

부엌에는 부뚜막과 아궁이를 맡은 신이자 불의 신인 조왕신이 있다고 믿었어. 주부는 부뚜막 위에 깨끗한 물을 떠 놓고 조왕신에게 집안의 안녕을 빌었지. 안방 아랫목에는 자녀의 출생, 육아, 성장을 맡은 신인 삼신이 있다고 믿었어. 한지로 만든 자루 속에 쌀을 넣고 아랫목 구석 벽에 높이 매달아 삼신을 모셨지. 삼신은 대개 삼신할머니라 불렀는데, 아이가 태어나서 7세 때까지 보호해 준다고 믿었어. 장독대 옆에는 집터를 맡은 터주신을 모셨는데, 터줏대감이라고도 불렀지. 이밖에 광이나 곳간에는 재물의 신인 업신, 화장실인 뒷간에는 측신, 외양간에는 소나 말을 보호하는 외양신이 있다고 믿었어.

또 가족이 아프면 병이 낫기를 바라며 무당을 불러 굿을 하기도 했지. 무당이나 점쟁이에게 미래에 일어날 일을 미리 알고자 점을 치기도 했어. 재앙이나 악귀를 막는 글자나 그림이 있다고 믿었는데, 이런 글자나 그림을 부적이라고 해. 주로 무당이 써 주는 부적을 몸에 지니거나 집에 붙여 놓았어.

나라의 시장과 백성들의 시장

조선 시대 초기 한양 종로에는 상인들이 상점을 세우면서 2,500여 개의 상점을 갖춘 큰 시장이 생겼어. 나라에서 허가한 이 상점을 시전이라고 했고, 상인들은 장사하는 대가로 나라에 필요한 물품을 제공하고 각종 세금을 냈지. 이들 중 일부는 나라로부터 몇몇 물품을 자기들만 팔 수 있는 독점권을 받고 허가받지 않은 장사꾼을 단속할 수 있는 권리를 갖기도 했어.

한편 동대문 쪽 이현과 남대문 쪽 칠패 등에 난전이 생겼어. 난전은 나라에서 허가하지 않은 사설 시장이야. 이현 시장에서는 배추, 무 등의 채소가 많이 팔렸고, 칠패 시장에서는 어물과 소금 등이 잘 팔렸어. 처음에는 나라에서 난전을 금지했지만, 그 규모가 점점 커지자 난전을 인정했지.

지방에서는 백성들이 곳곳에 정기적으로 시장을 열었어. 5일 간격으로 열려서 이 시장을 5일장이라고 불렀지. 농민과 행상이 주로 이용했던 5일장은 물건을 사고파는 장소이면서 사람들이 만나는 장소였어.

집마다 찾아다니며 여자들에게 물건을 파는 여자 행상도 있었는데, 이들을 방물장수라고 불렀어. 또 물건을 등이나 지게에 지고 다니며 파는 등짐장수도 있었고, 물건을 보자기나 걸망에 싸서 걸머지고 다니며 파는 봇짐장수도 있었지. 이들을 보부상이라고 불렀는데, 전국을 떠돌아다니며 물건을 팔았어.

전국적으로 사용된 최초의 화폐, 상평통보

조선 초기에는 물건을 사고팔 때 고려 시대와 마찬가지로 쌀과 옷감이 돈 역할을 했어. 쌀이나 옷감을 주고 다른 물건을 샀지. 조선 전기에 나라에서는 동전을 만들어 널리 사용하게 했지만, 사람들은 여전히 쌀과 옷감을 돈처럼 사용했어. 사람들은 굶주릴 때 먹을 수 있고 추울 때 입을 수 있는 쌀과 옷감이 한낱 금속 조각에 불과한 동전보다 귀하게 생각했던 거야.

하지만 임진왜란 때 우리나라에 들어온 중국 군대가 식량을 모두 은을 주고 사면서 은이 화폐로 자주 쓰였고, 17세기에 일본과 무역할 때도 은이 화폐 역할을 했어. 그러면서 관청이나 부자들은 재산을 저장하기 위한 수단으로, 은으로 만든 화폐를 사용했지. 하지만 은이 워낙 가치가 높은 화폐여서 일반 백성은 사용하기 힘들었고 여전히 쌀이나 옷감을 화폐로 사용했지.

조선 후기에 나라에서는 동전을 유통하려 노력했어. 17세기에 시장이 성장하면서 동전의 사용이 늘었고, 상업이 번창한 개성에서는 모든 거래에서 동전을 사용했지. 이때 사용한 동전이 바로 상평통보야. 상평통보 1개는 1푼이었고, 10푼이 1전, 10전이 1냥이었어. 18세기가 되어서야 동전이 전국적으로 널리 사용되었고, 관리의 월급도 동전으로 주었지. 당시 서울에서는 1냥으로 14.4kg의 쌀을 살 수 있었다고 해.

교육의 시작, 서당

조선 시대에는 7~8세가 되면 서당에 들어가 공부를 했어. 서당은 마을의 양반과 일반 백성이 뜻을 모아 세운 사설 교육 기관으로 오늘날의 초등학교와 중학교라고 할 수 있는데, 학생들이 대부분 남자아이였어. 서당에서는 예의범절과 붓글씨 쓰는 법, 《천자문》, 《사자소학》, 《명심보감》 등 유학의 기초를 배웠지. 서당 선생님은 훈장이라고 불렀는데, 재산이 넉넉한 집안에서 모셔 오거나 한문을 익힌 사람이 부탁을 받고 훈장이 되기도 했어. 훈장은 수업료로 쌀과 땔나무, 옷을 받아 생활했고, 학부모가 형편에 맞게 떡이나 음식을 마련해 보내기도 했지.

학생들은 15~16세에 서당 교육을 마치고 오늘날의 중고등학교에 해당하는 향교와 4부 학당에 들어갔어. 향교는 지방의 수령이 있는 읍에 설치되었고, 4부 학당은 서울에 있었는데, 모두 나라에서 세운 교육 기관이야. 이 두 교육 기관에서는 《소학》과 《사서오경》을 공부했고, 성적이 좋은 학생들은 과거 시험을 볼 수 있었어. 향교에는 공자와 맹자처럼 본받을 만한 옛 유학자들을 사당에 모시고 제사를 지내는 기능도 있었지. 지방에는 사림들이 세운 사립 학교인 서원도 있었어. 서원은 향교와 마찬가지로 옛 유학자들에게 제사를 지냈으며, 유교 경전을 공부했어. 이곳에서 공부해도 과거 시험을 볼 수 있었는데, 나중에는 향교보다 더 많은 과거 합격자를 배출하기도 했어.

어렵고 복잡한 과거 급제의 길

조선 시대에 관리가 되려면 과거 시험에 합격해야 했어. 양인이라면 누구나 과거 시험을 볼 수 있었지만, 농사일로 바쁜 일반 백성들은 시험을 준비하기 쉽지 않았고, 주로 양반들이 시험을 보았어.

과거 시험은 문관을 뽑는 문과, 무관을 뽑는 무과, 기술관을 뽑는 잡과가 있었어. 그런데 주요 관리들은 대부분 문과 출신이 차지했으므로 과거 시험에서 문과가 가장 중요했지. 그리고 생원 진사시가 있는데, 이 시험에 합격하면 생원이나 진사가 되었어. 생원과 진사는 조선 최고의 고등 교육 기관인 성균관에 입학하여 공부한 후에 문과에 응시할 수 있는 혜택이 있었지.

성균관은 200명의 학생이 입학했는데, 학생들은 돈 한 푼 내지 않고 기숙사 생활을 하면서 교육을 받고 학문을 연구할 수 있었어. 성균관 학생들은 시험 성적이 좋아야 문과를 볼 수 있었으므로 열심히 공부했다고 해.

문과는 3단계로 나누어 실시했어. 1차 시험인 초시와 2차 시험인 복시에 차례로 합격한 사람은 왕 앞에서 마지막 시험을 보았지. 이 시험에서 왕은 최종 합격자를 결정하고 순위를 매겼어. 이 시험의 합격을 과거 급제, 1등은 장원 급제라고 했어. 나라에서는 과거 급제자들에게 잔치를 베풀어 주었고, 과거 급제자들은 3~5일 정도 시가행진을 했어.

무기와 군복까지 스스로 마련하는 조선의 군대

조선 시대에는 16세에서 60세까지의 양인 남자에게 병역 의무가 있었어. 보통 1년에 2~6개월 정도 군대에서 근무했는데, 국가는 양인의 의무로 군인이 된 사람에게 대부분 월급을 주지 않았지. 게다가 군인은 자기가 사용해야 할 무기와 군복을 스스로 마련해야 했고, 만약 무기와 군복을 제대로 갖추지 못하면 벌을 받아야 했어. 하지만 조총처럼 비싼 무기를 스스로 마련한 군인에게는 국가에서 세금을 줄여 주는 등의 혜택이 있었지.

조선 시대 군대는 신분에 따라 다양하게 구성되었어. 양반의 군대가 따로 있었고, 일반 양인이나 천민의 군대가 따로 있었어. 양반은 군대 생활을 통해 관리가 되는 기회가 많았지만, 일반 백성에게 군대는 감당하기 힘든 의무였지.

병역 의무가 없는 사람도 있었어. 전사자의 자손 또는 불치병이나 불구인 부모를 모시는 아들은 군대에 가지 않았고, 70세 이상의 부모를 모시는 경우는 아들 중 1명, 90세 이상의 부모를 모신 경우에는 아들 전부가 군대에 가지 않았어. 이 밖에 관리로 근무 중인 사람과 장애인 그리고 성균관 유생이나 향교 학생도 군대에 가지 않았지.

백성의 안전은 우리가 지킨다!

백성의 지팡이,
포졸과 다모 모집

포도청의 포졸과
여자 경찰 다모

조선 시대에 한양과 경기 지역에서는 포도청이 지금의 경찰 역할을 했고, 지방에서는 각 관아에서 경찰 업무를 보았어. 포도청은 좌포도청과 우포도청으로 나뉘었는데, 좌포도청은 한양의 동부와 남부, 중부 그리고 경기좌도를 맡았고, 우포도청은 한양의 서부, 북부와 경기우도를 맡았지. 포도청의 최고 우두머리는 포도대장으로 지금의 경찰청장이라고 할 수 있어. 포도청의 경찰은 군인 신분인 포도군사로, 줄여서 포졸이라고 불렀지. 포졸들은 죄인을 체포할 때 동원되었고, 몇 명씩 조를 짜서 담당 구역을 순찰했어. 한편 지방 각 관아에서 경찰 일을 하는 군인들은 나졸이라 불렀지.

조선 시대에도 수사관은 있었어. 살인 사건이 나면, 수사관이 살인 방법이나 도구 등을 조사하고 범인을 찾았지. 살인에 사용된 칼이 오래되어 핏자국이 보이지 않으면 식초를 뿌려 핏자국을 찾는 등 과학 수사도 했어. 핏속에 있는 알부민이라는 단백질이 식초를 만나면 뿌연 색을 띠거든.

조선은 엄격한 유교 사회이므로 남자 포졸이 함부로 여자 피의자를 조사할 수 없었어. 그래서 포도청을 비롯해 의금부, 형조에는 여자와 관련된 사건을 수사하거나 여자 피의자의 몸이나 방을 수색하는 다모라고 불리는 여자 경찰이 있었지.

왕의 최종 결정이 있어야 하는 사형

조선 시대에는 죄인을 벌하는 형벌로 볼기를 치는 형벌과 가두는 형벌, 그리고 먼 지방으로 보내는 귀양과 사형이 있었어.

죄인의 볼기를 치는 형벌은 가벼운 죄를 범한 죄인에게 내렸는데, 태형과 장형으로 나눌 수 있지. 태형과 장형은 각각 회초리 크기가 달랐고 죄에 따라서 볼기를 치는 수를 5등급으로 나누었어. 태형은 10대에서 50대까지 볼기를 쳤고, 장형은 60대에서 100대까지 볼기를 쳤지. 태형은 마을을 다스리는 수령이 직접 형벌을 내렸고, 장형 이상의 형벌은 경상도, 전라도 등 각 도를 다스리는 관찰사의 허락을 받아 형벌을 내렸어. 비교적 무거운 죄를 지은 죄인은 관아에 가두고 힘든 일을 시켰어. 기간은 1년에서 3년까지 죄에 따라 반년씩 길어졌고, 볼기를 치는 장형이 반드시 뒤따랐지.

귀양은 매우 무거운 죄를 지었지만 차마 사형을 시키지 못한 죄인을 먼 지방으로 보내 죽을 때까지 살게 하는 형벌이야. 귀양 가기 전에 100대의 볼기를 쳤고, 죄에 따라 귀양 보내는 거리를 정했다고 해.

사형에 해당하는 범죄는 관찰사가 왕에게 보고하고 왕이 최종 결정을 했어. 사형에는 목을 매는 교형과 목을 베는 참형으로 나누었는데, 참형이 더 무거운 형벌이었지. 반역자나 대역죄인은 신체와 목을 모두 분리하고 땅에 묻지도 못하게 하는 무시무시한 형벌을 내리기도 했어.

조선의 의료를 이끈 의관과 의녀

조선 시대에는 병이 걸리면 의원을 찾았어. 의원은 중인 신분이었고 보통 조상 대대로 의원 일을 했지. 의원은 자기 집에서 환자를 보거나 직접 환자를 찾아갔어. 그들은 환자의 얼굴색을 살피고 맥을 짚어 진찰했고, 침을 놓거나 뜸을 이용해 치료했어. 그리고 병을 치료하기 위해 약을 처방해 주었는데, 약은 주로 산과 들에서 구한 약초로 만들어졌지.

조선은 엄격한 유교 문화 때문에 양반가의 부녀자는 병이 들어도 대부분 남자인 의원을 찾기 어려웠어. 그래서 나라에서는 관아에 속한 여자 노비 중에서 의녀를 뽑아 의술을 가르친 후에 부녀자를 치료하게 했지. 의녀는 주로 산모가 아기를 낳을 때 도움을 주었고 부녀자를 치료했어.

의원은 과거 시험 잡과에 합격하면 나라의 의원이라고 할 수 있는 의관이 될 수 있었지. 의관은 나라에서 세운 여러 의료 기관에서 일했어. 조선 시대 의료 기관은 왕과 왕족, 지위 높은 관리를 치료하는 내의원, 의녀를 교육하고 서민의 질병을 돌보는 관청인 혜민서, 관리의 치료와 궁중에서 쓰는 약재를 조달하는 전의감, 한양 도성 안의 병자와 오갈 데 없는 사람을 치료하고 돕는 활인서가 있었어.

소식을 전하는 파발과 봉화 그리고 조보

조선 시대에는 통신이나 교통이 발달하지 않아서 소식을 전하기가 쉽지 않았어. 그래서 만든 것이 바로 봉화야. 봉화는 외적이 침입했거나 나라에 큰 일이 났을 때, 이 소식을 높은 산봉우리에 설치된 봉수대를 이용해서 한양의 왕에게 전하는 방법이야. 봉수대에서 상황에 따라 약속한 숫자만큼 밤에는 횃불을 밝히고, 낮에는 연기를 피워 소식을 전했어. 우리나라는 산이 많아서 마주 보이는 산마다 봉수대를 설치하면 금방 소식을 전할 수 있었지.

그리고 사람이 문서를 직접 전달하는 파발 제도가 있었어. 파발은 사람이 직접 걸어가서 문서를 전달하는 보발과 말을 타고 가서 전달하는 기발이 있었지.

또 오늘날 신문과 비슷한 역할을 한 조보가 있었어. 조보는 왕의 비서 기관인 승정원이 만들어 조정의 소식을 알리는 신문이라고 할 수 있지. 조보에는 왕의 명령이 주로 실렸고, 왕에게 올리는 상소나 조정의 결재 사항, 관리의 승진과 사망 소식 그리고 사회에서 일어난 특별한 사건 소식도 실렸어. 조보를 받은 각 관청에서는 필요한 만큼 더 베껴서 관리나 신분이 높은 양반에게 나눠 주었지. 한양에 사는 관리나 양반은 당일에 조보를 받을 수 있었지만, 지방에서는 거리에 따라 며칠씩 기다려야 했어. 구독료도 있었는데, 구독료로 조보를 베끼고 전달하는 사람에게 보수를 주었다고 해.

우리 옷차림도
외국 옷차림도
좋아!

서양 문물이 우리 옷차림을 바꾸다

조선 시대 말기에 서양 문물이 들어오면서 사회에 큰 변화가 일어나기 시작했고, 옷차림에서도 큰 변화가 일어났어. 상류층의 개화파 일부가 서양 옷인 양복을 입기 시작했고, 1900년에는 관리들의 옷이 양복으로 바뀌면서 상류층에 양복이 널리 퍼졌지.

우리 옷차림에도 변화가 생겼어. 신분에 구별 없이 모두 겉옷으로 두루마기를 입었지. 두루 막혀 있어서 두루마기라고 불리는 이 옷은 아래 길이가 짧고 좁았으며 소매도 짧았고, 허리에 매는 띠 대신 고름이나 단추를 달았어. 두루마기는 여자들에게도 유행했지. 개화기에 두루마기는 남녀 누구나 겉옷으로 즐겨 입으면서 색깔이나 옷감이 다양해졌어. 여자들은 색깔을 들인 비단 두루마기를 즐겨 입었지.

우리 옷차림과 외국 옷차림이 섞이기도 했어. 남자들은 외출할 때 바지저고리에 두루마기를 입고 서양 모자를 쓴 채 서양 신발인 구두를 신은 경우가 많았지. 양복 조끼를 본뜬 조끼가 유행했고, 흥선 대원군이 청나라에 잡혀갔다 돌아올 때 입었던 만주식 마고자를 겨울옷으로 즐겨 입었어. 여자는 외출할 때 얼굴을 가리기 위해 썼던 장옷과 쓰개치마가 사라지고 개량 한복인 통치마를 즐겨 입었지.

서양 음식과 커피가 들어오고 자장면이 탄생하다

조선에 외국 문물이 들어오면서 식생활에도 변화가 생겼어. 외국인을 위한 호텔이 세워지고 그곳에서 서양 음식을 만들어 팔았는데, 조선의 상류층도 방문하여 서양 음식을 맛보기 시작했어. 특히 고종은 외국 선교사나 공사 부인이 만들어 준 서양 요리를 즐겨 먹었다고 해. 고종은 처음으로 커피를 마신 조선 사람이기도 했어. 고종이 일본의 위협을 피해 러시아 공사관에 있을 때 커피를 처음 마시고는 그 맛에 반해 그 후에도 즐겨 마셨지.

조선 말기에 임오군란으로 청나라 군대가 들어오면서 우리가 즐겨 먹는 자장면도 생겼어. 청나라 군대를 따라 청나라 상인도 들어왔는데, 이들이 인천에 모여 살면서 중국 음식점을 열고 자장면을 팔기 시작한 거야. 자장면은 점차 우리나라 사람들 입맛에 맞게 바뀌면서 널리 퍼졌어. 또 중국 음식인 호떡도 유행했지.

일제 강점기에는 우리나라에 일본 음식점과 과자 가게가 많이 들어섰고, 일본식 왜간장과 일본이 개발한 인공 조미료인 아지노모토가 들어와서 널리 퍼졌어. 한편 조선이 망한 후에는 일반인도 왕이 먹던 궁중 요리를 맛볼 수 있었지. 궁에서 음식을 만들던 사람들이 고급 음식점을 내고 궁중 요리를 만들어 팔기 시작했거든.

전차가 다니고
가로등이 어둠을 밝히다

개화기에는 서양과 일본의 영향으로 도시 모습이 바뀌기 시작했어. 일본 사람이 많이 살았던 곳에는 일본식 집이 들어섰고, 시멘트와 같은 서양 건축 재료가 들어오기 시작하면서 성당과 교회, 관공서와 학교 건물 등은 서양식으로 세워졌지. 우리 전통 한옥도 변하기 시작했어. 기본 한옥 형태를 유지하면서 벽돌, 유리, 함석 등의 새로운 재료를 이용하여 세운 개량 한옥이 지어지기 시작했지. 한옥과 서양식 건물의 구조를 혼합해 지은 건물도 있었어.

개화기 서울에서는 전차가 다니기 시작했어. 1899년, 처음 등장한 전차는 서대문에서 청량리까지 달렸는데, 쇠로 만든 커다란 물체가 달리는 걸 처음 본 사람들은 호기심과 함께 두려움을 가졌지. 하지만 점차 적응하면서 전차를 타기 위해 지방에서 올라오는 사람도 생겼다고 해. 같은 해에 인천에서 서울로 이어지는 기차도 생겼어.

서울 종로에는 가로등을 설치하여 어두운 밤거리를 밝혀 주었지. 1900년, 종로 한성 전기 회사는 사옥 주변에 가로등 3개를 설치했는데, 전등 빛을 처음 본 사람들은 너무 신비로워서 넋을 잃고 보았다고 해.

개화기에 서울에는 전화기도 설치되었어. 전화기 옆의 손잡이를 돌려 전화를 걸면 교환원이 받아 상대방을 연결하는 수동식 전화기였지만, 사람들은 멀리 떨어진 사람과 대화할 수 있음에 놀라워했지.

우리는 일기를 쓸 때 그날 있었던 일 중 특별히 중요하다고 생각한 일을 골라 적어. 아침에 어떤 반찬을 먹었고 외출할 때 어떤 옷을 입었는지 적는 사람은 거의 없을 거야. 먹고 입는 일은 우리에게 정말 중요한 일이지만, 매일 계속되는 일상적인 일을 굳이 기록으로 남길 필요가 없다고 생각하기 때문이지.

마찬가지로 역사책을 보면 전쟁이나 신하들에게 쫓겨난 왕 등 특별히 중요한 사건에 대한 기록들은 많지만, 사람들이 무엇을 먹었고 무엇을 입었으며 어떤 집에 살았는지에 대한 기록은 많지 않아. 사람들에게 가장 중요한 일이지만 매일 계속되는 일상적인 일이기 때문이야. 그래서 옛날 사람들이 어떻게 살았는지를 알려면 역사책을 넘어 유물이나 다른 기록들을 찾아봐야 해.

멀지 않은 과거의 생활사는 현재에도 영향을 미치고 있고 유물도 많아서 쉽게 알 수 있어. 하지만 아주 먼 옛날의 생활사는 알아내기 힘들어. 그때 사람들이 먹었던 음식이나 입었던 옷들이 남아 있지 않기 때문이야. 그런데 가끔 옛날 사람들의 생활 모습을 제대로 볼 수 있는 유물이 발견되기도 해. 예를 들어 중국 길림성에 고구려 권력자의 무덤이 있는데, 놀랍게도 그 안에 무덤 주인이 살아 있을 때의 모습을 그림으로 기록한 벽화가 발견된 거야. 또 경주에서는 신라의 유물인 토우가 많이 발견되었어. 토우는 동물이나 사람의 형상을 흙으로 만든 거야. 토우를 조사하면 신라 사람들의 생활 모습을 알아낼 수 있지.

하지만 이런 유물만으로 옛날 사람들이 밥을 먹을 때 어떤 모습이었는지, 어떤 도구를 썼는지는 알 수 없어. 그래서 생활사를 연구하는 역사학자들은 옛날 사람들이 남긴 아주 작은 단서도 놓치지 않고 조사하지. 심지어는 무덤에서 발견된 아주 작은 기생충 알을 분석해서 무덤 주인이 민물고기를 익히지 않고 먹었음을 알아내기도 해.

이 책에서는 옛날 사람들의 살아가는 모습 60가지를 소개했어. 수천 년 우리 조상이 살아온 모습을 단 60가지로 줄여 소개한다는 건 무척 어려운 일이야. 비교적 유물이나 기록이 많은 조선 시대의 생활사를 중심으로 소개했고, 아주 먼 옛날의 생활사는 사람에게 가장 중요한 의식주를 중심으로 소개했어.

이 책을 통해 많은 어린이가 우리 조상의 살아온 모습과 그 속에 숨겨진 지혜를 배웠으면 좋겠어.

참고 도서

역사신문 편찬위원회 엮음, 《역사 신문》, 사계절, 1995

백유선, 신부식, 임태경 지음, 김영민 그림, 《청소년을 위한 한국사》, 두리미디어, 2001

한국역사연구회 지음, 《조선 시대 사람들은 어떻게 살았을까》, 청년사, 2005

최은수, 김태완, 정정남, 정승모 지음, 《생활사 여행》, ㈜웅진씽크빅, 2006

국사편찬위원회 엮음, 《옷차림과 치장의 변천》, 두산동아, 2006

박종권, 박형오, 최소옥 지음, 우지현 그림, 《교과서 옆 개념 잡는 초등한국사 사전》, 주니어김영사, 2008

정연식 지음, 〈조선 시대 이후 벼와 쌀의 상대적 가치와 용량〉, 《역사와 현실》 제69호, 2008

신병주 지음, 김종도 외 그림, 《키워드 한국사》, 사계절, 2014

반주원 지음, 《조선 시대 살아보기》, 제3의 공간, 2017

한국생활사박물관 편찬위원회 지음, 《한국 생활사 박물관》, 사계절, 2017

강석화, 김정인, 임기환 지음, 서영 그림, 《한국사 읽는 어린이》, 책 읽는 곰, 2021

정연식 지음, 《한국식생활문화사》, 동북아역사재단, 2024